SICHUAN JIAOTONG GUSHIHUI

四川交通故事荟

四川省交通宣传中心　编

人民交通出版社股份有限公司
China Communications Press Co.,Ltd.

内 容 提 要

本书是四川省交通运输厅办公室和四川省交通宣传中心在全省范围内征集的交通运输行业先进人物事迹，文笔朴实，情感真挚，展现了交通人良好的精神风貌和时代风采，有助于凝聚交通精神，传播交通文化，讲好交通故事，为四川交通留下一笔宝贵的精神财富，也为交通强国建设和全面建成小康社会，提供精神动力和智力支持。

图书在版编目(CIP)数据

四川交通故事荟 / 四川省交通宣传中心编．—北京：人民交通出版社股份有限公司，2019.1

ISBN 978-7-114-15259-7

Ⅰ.①四… Ⅱ.①四… Ⅲ.①交通运输业—先进工作者—先进事迹—四川 Ⅳ.①K826.16

中国版本图书馆 CIP 数据核字(2018)第 293684 号

书　　名：四川交通故事荟
著 作 者：四川省交通宣传中心
责任编辑：陈　鹏
责任校对：张　贺
责任印制：张　凯
出版发行：人民交通出版社股份有限公司
地　　址：(100011)北京市朝阳区安定门外外馆斜街 3 号
网　　址：http://www.ccpress.com.cn
销售电话：(010)59757973
总 经 销：人民交通出版社股份有限公司发行部
经　　销：各地新华书店
印　　刷：中国电影出版社印刷厂
开　　本：880×1230　1/32
印　　张：9.5
字　　数：204 千
版　　次：2019 年 1 月　第 1 版
印　　次：2019 年 1 月　第 1 次印刷
书　　号：ISBN 978-7-114-15259-7
定　　价：36.00 元

序言

用文化锻造四川交通软实力

文化建设是一项系统工程，先进的文化凝聚人、引导人、激励人、塑造人。党的十九大报告提出，文化自信是一个国家、一个民族发展中更基本、更深沉、更持久的力量。一直以来，四川省交通运输厅党组都高度重视交通文化建设，打造了一大批以微电影《天路人云端》等为代表的、富有交通特色的文化产品，不断创新、升华四川交通精神。

纵观人类历史长河，有形之物大都灰飞烟灭，而千百年来形成的大批精神财富却得以长存。孔子、屈原这些圣贤留下的精神遗产传承了数千年；而在我们的交通运输系统，也有不断传承发展的“两路”精神。这些精神财富不断汇聚、创新，最终形成了新时代的中国特色社会主义文化。

2010年，交通运输部印发了《交通运输文化建设“十百千”工程实施方案》，提出了在“十二五”期间，“打造十大交通运输文化品牌，创建一百家交通运输文化建设示范单位，培养一千名交通运输先进典型”的目标，在交通运输行业引起了强烈的反响和积极的响应，掀起了交通文化创建的热潮。在这一过程中，四川交通运输系统也不断加强交通文化的培育与打造，继以陈德华为代表的“劳模精神”后，又打造出了以牟廷敏为代表的“工匠精神”，以王川等为代表的“公仆精神”，用这些平凡交通人的感人事迹，诠释着“艰苦奋斗、勇于创新、不畏艰险、默默奉献”的交通精神，用踏实的作风、顽强的意志,实现由“交通大省”向“交通强省”的跨越。

交通精神的传承,交通文化的锻造,都离不开传播的载体,这个载体就是我们的文化产品。文化产品推陈出新、百花齐放,是文化繁荣的标志。去年,由四川省交通运输厅监制,甘孜州交通运输局、四川交通职业技术学院、省交通运输工会、省交通运输厅办公室和省交通宣传中心联合摄制的微电影《天路入云端》播出后,在全省乃至全国交通运输系统都引发关注,获得“中国交通·辉煌40年”全国交通运输行业微视频大赛唯一特等奖。今年开始,我们按照四川省交通运输厅党组部署,把着力点放在了《四川交通文化系列丛书》的编纂上。推出了由厅办公室策划、四川省交通宣传中心编著的第一批交通文化作品《大道兴川》《四川交通故事荟》,并将以此为基础,逐步推出新作,凝聚交通精神,传播交通文化,讲好交通故事,为四川交通留下一笔宝贵的精神财富。

2017年底,我们向全省交通运输系统征集新时代交通小故事。据不完全统计,共收到稿件200余篇。最终,经过严格筛选,我们从中选择了近100篇优秀作品,编辑成《四川交通故事荟》。同时,从2018年初开始,陆续在四川广播电视台交通频率午间档的《四川交通》栏目中播出。

虽然我们在交通文化的锻造上取得了一定的成绩,但和全国其他兄弟省市相比,还有不小的差距。知耻而后勇,知弱而图强。未来,我们将对标先进,不断创新交通文化传播载体,打造四川交通文化矩阵,创造出更多更好的交通文化产品,为建设交通强省、推动治蜀兴川再上新台阶,汇聚强大的精神动力!

四川交通文化系列丛书编辑部

二零一八年十月三十一日

四川交通文化系列丛书编辑部

目　录

你好，大桥！别了，溜索！（上）

2018年9月1日7时，太阳初升，为蓝天上的白云镀上一层金边，一阵轰鸣声打破了清晨的宁静，工程车来到凉山彝族自治州金阳县对坪镇一村金沙江大桥上，开始桥面最后一块作业面的混凝土浇筑。当日，这座大桥具备通车条件，也标志着全省77个"溜索改桥"项目全部完工，10多万群众告别溜索出行。

"溜索改桥"项目建成，不仅有效解决了两岸群众安全出行难题，也拉近了地域之间的距离。随着偏远地区交通基础设施条件的不断完善，数以万计的山区群众可以更快更直接地接触新事物、新理念，共享社会进步带来的物质、文化成果。

从惊险的溜索到宽阔的大桥

金沙江流经凉山彝族自治州布拖县和云南省昭通市巧家县时，将布拖县龙潭镇沿江村和巧家县鹦哥村隔断，连接两岸的是一条长470米的溜索，孤零零的铁箱悬在距离江面270米的钢缆上。1999年以前，这里的人们要翻山越岭下到江边，依靠渡船过河。1999年，当地架起了溜索，十几年间，溜索是两岸居民最为便捷的出行方式。

乡村兽医高天贵每次去沿江村为牲畜看病，都要坐这悬空的溜索。"一刮风就没法过去了，这是唯一的出路。"高天贵告诉笔者，在配置铁箱前想过金沙江，只能把人绑在溜索上，脚下是滔滔江水，身边是呼啸的风。

架设溜索的发起人蒋世学说，在溜索架设起的最初一年多时间里，没有机械设备，沿江村和鹦哥村几乎所有的青壮年，都体验过靠人力运转溜索。

2001 年，溜索用上了柴油发动机，近年来又换上了电动机，再也不用人力推动。虽然坐溜索到对岸只需要 5 分钟，但依然不方便。“以前我们赶集卖点山货，背点粮油回家，索道晃悠得厉害，村里读书的娃好多都寄宿在外。”一位村民说。

直到今年 7 月，一座长 385 米、宽 9 米的大桥取代了昔日“晃悠悠”的溜索，两岸群众出行这才变得安全、便捷。

扫码收听本文音频

你好，大桥！别了，溜索！（下）

项目建设分类管理重点突破

受经济发展、自然条件等因素约束，过去很多年里，溜索曾经是在阿坝、甘孜、凉山、绵阳、广元5个市(州)群众与外界沟通的重要工具。随着安全隐患日渐突出，修建大桥迫在眉睫。

2013年5月，省交通运输厅与省扶贫和移民工作局共同开展了全省溜索现状调查，确定实施77个“溜索改桥”项目。为加快推动“溜索改桥”项目建设，省政府把“溜索改桥”作为20件民生实事来办，省交通运输厅成立了领导小组，制定了专项工作方案，在综合考虑施工条件、充分论证可行性后，科学确定建设标准和桥位、桥型。

全省交通运输部门始终把建设质量放在首位，组织专业技术力量加强技术服务，对项目质量实施全过程控制。对坪镇一村“溜索改桥”工程位于深山峡谷，风力时常达到七八级以上，给拱桥吊装带来极大挑战。参建单位邀请厅公路规划勘察设计研究院、重庆交通大学等单位专家对自行设计修建的大型缆索吊装系统安全、质量、吊装方案进行评审；与西南交通大学检测中心合作，对大桥的主拱应力、扣索索力、主拱线形进行监控，确保大桥内在可靠、外在美观。

为优化项目管理，全省采取提前介入、交叉作业、无缝搭接等方式，“一对一”制定工作推进方案，简化前期工作程序，实行分类管理、重点突破。针对部分项目建设条件特殊、技术要求高、管理难度大，而项目所在地专业技术力量薄弱、管理水平有限、组织实施能力不足等情况，创新采用代建制，提高项目管理水平，确保项目建设有力有序推进。

一桥托起致富梦

在77个“溜索改桥”项目中，最先建成通车的是北川羌族自治县桂溪镇金包村二组的金包桥。2014年年底，金包桥建成通车，北川县桂溪镇彭家村、古坊村、玉龙村1000多名群众彻底告别了“溜索时代”。

彭家村、古坊村、玉龙村3个村土地肥沃、资源丰富，贮藏着石灰石、大理石、硅石等多种矿产资源，更有大量的辛夷花、茶叶、药材等经济作物。从前，因交通基础设施落后，车辆无法通行，阻碍了资源的开发利用。

“同处一个地方仅隔一条河，河对岸的村社沾了旅游和交通便利的光，比我们这3个村要富裕很多，家家户户都盖起了楼房，我们村里的年轻人都外出务工了，留守的全是老人和孩子。”彭家村村委会主任刘多模说，现在桥修好了，水泥路通了，工矿企业也办起来了，老百姓种植了经济作物，足不出户就能卖到一个好价钱，许多村民回乡务工，自主创业。金包桥的建成，还带动了当地群众发展乡村旅游的热情，农民年人均纯收入增加了一倍以上。

甘孜、凉山、阿坝等地区自然资源和旅游资源丰富，猕猴桃、牦牛等种植养殖业发展基础较好。“溜索改桥”项目的全面建成，极大地改善了贫困地区的交通运输条件，加快了这些贫困地区脱贫攻坚的步伐。

扫码收听本文音频

四川交通“厕所革命”的新变化

有温水洗手、儿童洗手设施，配备了洗手液、免费纸巾、干手设施；设有残疾人通道、残疾人卫生间、第三卫生间、厕所引导标识、温馨提示，方便老幼孕残等特殊群体如厕……这就是成（都）南（充）高速公路淮口服务区的卫生间，是不是很高大上呢？

2017 年以来，一场以提升服务为核心的“厕所革命”在四川省交通运输行业广泛推开。截至去年 11 月底，四川已累计投入资金约 5000 万元，从服务区水源、通风、应急保障、日常管理和人性化设施等方面，对 34 对（68 座）高速公路服务区进行了完善提升，公众如厕环境大有改善。

据了解，新津服务区厕所保洁员一般早上 5 点多就开始打扫卫生了，每次清洁要花 2 个多小时，从厕所内部到墙角，甚至每一个蹲位的踩水开关、洗脸盆、整容镜、水龙头，全部都要实现清洁，不留一处死角。彻底清理之后，保洁人员会根据人流量和清洁程度跟踪打扫，人少时大约半小时清理一次。

据四川省交通运输厅高速公路管理局工作人员介绍，四川高速公路服务区卫生间的建设严格遵循“四化”标准，即硬件完善化、管理专业化、设施人性化、建管标准化。改造后的厕所采用挑檐通透式结构，通风良好干净；厕所水源一用一备，水源充足、水量达标；男女厕位比例不小于 0.5，数量配置合理。

在成南高速公路淮口服务区共有 126 个蹲位，其中残疾人卫生间有 4 个，考虑到特殊人群如厕问题，服务区设置了第三卫生间。第三卫生间无性别区别，主要供父亲带女儿、妈妈带儿子，或者需要人搀扶的特殊人群使用。第三卫生间除了常规设置的成人和儿童马桶，还有婴儿专用座椅、老年和残疾人扶手。

在推动交通运输公共服务提档升级行动中，四川省以“厕所革命”为切入点，在高速公路、国省干线公路沿线以及汽车场站内全面推开。

2017年9月，省政府印发《四川省“厕所革命”实施方案（2017—2020年）》。到2020年，四川将完成现有普通国省干线公路208座厕所、高速公路服务区298座厕所、加油站1194座厕所的新建与改造任务，完成汽车客运站、水路客运码头、铁路客运站2280座以上厕所的新建和改造任务。

在此之前，四川省交通运输厅公路局已于2017年4月印发了《四川省普通国省干线公路厕所革命工作推进方案》，明确提出在“十三五”末，建成208座（含现有存量）公路厕所，初步形成既有国省干线公路“车行2小时如厕”格局，基本解决人流集中区域路段如厕难问题。

截至去年11月底，全省国省干线公路共建成16座厕所，均具备良好的社会服务功能，并已提前完成2017年建成8座的年度目标任务。汽车客运站也在重点推进。2017年10月，省交通运输厅运管局印发了《四川省汽车客运站“厕所革命”工作推进方案》，明确2017年至2020年，开展汽车客运站厕所卫生专项整治行动，分步推进全省三级以上汽车客运站厕所改造建设。

扫码收听本文音频

匠心巧运看牟工
（上）

今天要带大家认识的是一位工程师，说起他的名字大家可能会觉得很陌生，但是说到他的作品，大家应该是熟悉得不能再熟悉。比如雅西高速上的腊八斤特大桥、干海子特大桥……

牟廷敏，四川省南部县人，四川省交通运输厅公路规划勘察设计研究院总工程师、享受国务院政府特殊津贴的桥梁专家，“全国五一劳动奖章”获得者，交通运输部“交通运输行业科技特殊贡献奖”“十佳全国公路优秀科技工作者”“交通运输行业科技创新领军人才”“2017年感动交通十大年度人物”获得者，首届“四川杰出人才奖”获得者，四川省学术和技术带头人，四川省工程设计大师。

他牵头攻克了现代桥梁建设面临的高地震烈度、高海拔、高寒和地形地质特别复杂等一系列世界性技术难题，特别是在钢管混凝土桥梁、拱桥和高性能水泥混凝土材料等领域取得突出成绩，其科研成果得到广泛推广应用。主编行业规范《公路钢管混凝土拱桥设计规范》、国家规程《钢管混凝土拱桥技术规程》和四川省地方规范7部，填补了该领域国内外技术空白。先后获国家科技进步二等奖1项，省部级科学技术一等奖12项、二等奖9项；获得授权国家发明专利19项，授权国家实用新型专利29项。

牟廷敏有很多头衔称谓，但他最喜欢的还是别人叫他“牟工”。地处中国西部的四川，架桥修路艰难，在四川西部，更是难上加难。川西高原上群山争雄、江河奔流，长江的源头及主要支流在这里孕育古老与神秘的文明，也让这里成为挑战工程技术的高地。对于有梦想的桥梁工程师而言，没有哪里比这片沃土更加合适。牟廷敏的父辈并没有人从事造桥，连个搞交通的都没有。“喜欢桥，想当桥梁工程师，纯粹因为觉得在四川造桥能实现自己的人生价值。”与所有幸运的年轻人一样，在择业的最初阶段，牟廷敏找到了一个成功的支点。

桥梁设计，不仅是画图纸，提出一个完整的设计方案，首先需要实地踏勘。野外踏勘，其中的艰辛，远远超过时髦的户外徒步穿越。牟廷敏时常几个月坚守在一线工地，不在办公室就在工地或者实验室。

当然，每逢地质灾害过后，道路需要抢通，设计师们也要冲上去抢险救灾。汶川地震发生后，牟廷敏带领团队先后赶赴青川、映秀等重灾区，完成了广元至青川 12 座桥梁、80 公里道路的损毁踏勘。那时不需要动员会，他们把双肩包整天都在肩上，里面备好出差的东西。地震过后，余震不断，困了就睡车上，赶路的时候，一边观察周边山体，一边提心吊胆地往前走。

作为“超级工程”的雅西高速公路被央视纪录片推介时这样评价：盘旋的公路，不仅效率低下，也给山体的生态环境带来破坏；180 度的急转弯，成为司机的噩梦。但现在，中国工程师已有足够的能力将道路拉直，他们逢山开道、遇水架桥。“中国工程师已有足够的能力”，在牟廷敏心里，这也许是最好的认可。

牟廷敏所在的单位，四川省交通运输厅公路规划勘察设计研究院，有着优秀的技术创新基因，仅以桥梁设计而言，在干海子特大桥和腊八斤特大桥之前，早有获得国家科技进步一等奖的世界最大跨钢筋混凝土拱桥——万县长江公路大桥等一大批优秀的工程摘得桂冠。

业界公认,钢管混凝土桥建设,世界看中国,中国看四川。牟廷敏刚进设计院的时候,前辈们早已经在研究钢管混凝土桥梁技术,其中的很多人一辈子潜心于这项研究。如果说牟廷敏从四川站到世界桥梁之巅,他也是站在"巨人的肩膀上"。牟廷敏说,正因有前辈们的积累,院里又成立了专门的实验室。他们这一代人肯干,才能将这种技术发扬光大。

牟廷敏说的前辈,对其影响最大的,一个是张联燕,一个是谢邦珠。

原四川省交通科学研究所副所长张联燕,是国内转体桥第一人,被牟廷敏称为"启蒙老师"。1994 年,刚参加工作不久的牟廷敏和张联燕一起出差,同住一个标间,夜深人静时分,牟廷敏突然听见张联燕在自言自语桥梁设计方案。当时他很不理解,为什么一个人会对桥梁痴迷到那种程度。这件事牟廷敏至今记忆犹新,他说,后来就理解了,如果不理解,早就放弃了。

原四川省公路设计院总工程师、全国工程设计大师谢邦珠是 2000 年度国家科技进步一等奖获得者,曾主持设计万县长江公路大桥。1997 年,长 856 米、主跨 420 米、劲性骨架钢筋混凝土拱桥——万县长江公路大桥一跨过江,成为同类桥型的世界之最。

这一纪录在 2004 年被打破,由牟廷敏主持设计的巫山长江大桥主跨 492 米,建成即为当时世界最大跨度钢管混凝土拱桥。

在牟廷敏心中,团队里的老一辈桥梁专家本身就像一座桥,把对桥梁技术孜孜不倦追求的精神传承给了他,而他如今也在扮演着同样的角色。

牟廷敏常说,跟年轻人在一起,压力在他们这些桥梁老人身上,如果带不好这群年轻人,就是他们没有尽到责任。他曾多次把当年张联燕"床上造桥"的故事讲给年轻人听。

扫码收听本文音频

匠心巧运看牟工
（下）

279 座桥梁、25 座隧道，桥梁和隧道占到全部里程的 55%，在崇山峻岭间，桥隧首尾相连，从海拔 630 米爬升到 3200 米，成就了雅西“云端上的高速”之美名。

雅西高速公路从四川盆地边缘出发，由中国大陆地势的第二阶梯向第一阶梯爬升，穿越横断山脉的高山峡谷地带，被国内外专家学者公认为“国内乃至全世界自然环境最恶劣、工程难度最大、科技含量最高的山区高速公路之一”。这也意味着传统上惯用的混凝土桥，技术指标差、工程造价高、材料耗费大，已不能适应建设需要，几经波折、反复验证，牟廷敏设计团队提出了一个新方案——全钢管混凝土桁架梁桥。

干海子特大桥的桥墩不是普通混凝土柱子，而是用浇灌混凝土的钢管衔接而成。牟廷敏说，把混凝土浇在钢管中，再用钢管架设桥墩，可以减轻结构自重 55%以上，减少桩基数量近一半，很适合高地震烈度山区。

干海子特大桥建成即创造了 4 个世界第一。如今，雅西高速公路已安全运营多年，特别是经受住了“4 · 20 芦山大地震”的检验，充分证明了新型钢管混凝土桥梁技术的先进性。

山区造桥讲究一个‘巧’字。在牟廷敏看来，四川山区地形崎岖、地质复杂、抗震要求高，很多大型的造桥设备无用武之地，花钱并不一定能解决技术难题，要用小设备建大桥，因地制宜、因需而建,安全实用、美观环保、造价最低,那么这座桥梁所采用的技术就是最先进的。

这种“巧”体现在干海子特大桥上。干海子特大桥的设计方案,是由全钢管混凝土桥代替传统的简支T梁桥,不仅抗地震烈度可高达9度,而且仅此一项就节约预算投资3600万元。

这种“巧”也体现在腊八斤特大桥上。腊八斤特大桥高墩所采用的“钢管混凝土组合柱”结构在桥梁建设上是第一次。钢管柱内采用的C80混凝土强度为普通混凝土的2—3倍,同时这种新型的技术也让桥的自重减少了33%左右,不仅大大提高了抗震性,仅一个桥墩就减少工程投入1000余万元。

艺高人胆大,牟廷敏正在将更多的“巧”用在挑战更高难度的桥上,而他的这种胆识,其实是来自对桥的敬畏。

有人说牟廷敏把桥当“儿子”,因为在2010年和2011年冬天,是干海子大桥的建设关键时期,在零下12摄氏度的环境中,他为结冰路面铺上防冻棉被,给大桥中部铺上电热毯,自己的双手却冻得通红。

牟廷敏自己却把桥比作“老师”,对桥既敬重又牵挂,自己设计建造的桥,过一段时间总会想去看看。

以桥为师,通过每一次的攻坚克难,不断向桥“学习”,探索解决难题的新办法,因此牟廷敏对桥怀有一种独特的敬畏,这种敬畏让他知道:桥梁是产品,更是艺术;是工程,更是责任。正是这种敬畏之心,牟廷敏才敢于面对更多更难的挑战,敢于设计更新更美的桥梁。

除了雅西高速公路上的“两个世界之最”,在2004年建成当时世界最大跨度钢管混凝土拱桥——巫山长江大桥之后,牟廷敏不断挑战钢管混凝土桥梁跨度极限，成功设计了世界最大跨度钢管混凝土拱桥——四川合江长江三桥（主跨 507 米）和四川合江长江一桥（主跨 530 米），两次刷新自己创造的世界纪录。

而这些只是牟廷敏桥梁生涯的一部分代表作品。在这个以巧造桥的桥梁人那里，他永远都在准备着挑战极限。

从事桥梁建设 20 多年来，问及最满意哪项工程时，牟廷敏说，其实没有完全满意的工程，他把自己参与过的工程都称作“遗憾工程”，因为，技术总是不断进步的，永远都会觉得下一个将是更好的。

如今，牟廷敏已投入条件更为艰苦的雅康、汶马等藏区高速公路的桥梁设计建设。在雅西高速公路建设成功经验基础上，他率领团队正在攻克山区复杂条件下的桥梁建设和新技术难题。

蜀道变通途，更难啃的“硬骨头”都在最后，牟廷敏时刻都站在他所攀登的那座桥上。

扫码收听本文音频

乌蒙山深处的水上卫士

四川凉山彝族自治州地处乌蒙山片区，是国家“精准扶贫、脱贫攻坚”的主战场。自从国家启动“西电东输”战略工程，形成了中国水电看西南、西南水电看四川、四川水电看凉山这样一个整体局势。这个战略部署让凉山境内的水上面积激增，导致相应的道路和桥梁被水库淹没。

在新的道路和桥梁没有修建好的时候，凉山库区群众的出行方式只能依靠水路，这给凉山州的海事部门带来了巨大的压力。就在这样复杂又艰巨的情况下，走出了一个彝族汉子，他带领的团队连续 8 年被凉山州海事局评为先进集体，连续 8 年被当地政府评为安全生产先进单位，更是创造了“连续 8 年无水上交通事故”的奇迹。他就是 2015 年“全国交通运输系统先进工作者”“2015 年感动交通十大年度人物”、盐源县海事处处长——沙国清。

沙国清一次在锦屏库区执法时，遇到的一艘超载的生产自用船。本来只能坐 3 个人的船上却坐了 6 个人。面对处罚，船长情绪激动，他们不理解沙国清为什么要断了他们的财路。沙国清只能一遍又一遍地讲解安全知识、法律法规。苦口婆心的劝说，终于让船长不情不愿地接受了处罚。

实际上，这几乎是沙国清在执法过程中每天都会面对的场面。

面对山里的乡亲们，有的甚至还是他的亲戚，沙国清心里很矛盾。他知道乡亲们可能这辈子只能靠这条船活命，也明白亲戚们希望他这个当处长的给开一开后门。但作为一名执法者，安全责任大如天，他必须不讲情面、负责到底。这样的选择，让他的家人和朋友无法理解。

面对种种压力，沙国清没有退缩。在他心里，没有什么比保住乡亲们的命更重要。

沙国清几乎一年四季租住在二滩库区一个几平方米的农家小屋里，带着仅有的2名执法人员，每天坚持去库区巡查。

从一个库区到另一个库区，300多公里的崎岖山路，开车至少也要六七个小时。300多公里的通航里程，他和同事们巡查一次，就需要1个月。而下个月，又要开始新一轮巡查。为了保障沿岸群众能有安全便捷的水上出行方式，沙国清多方奔走协调，推动组建了盐源县国林船舶运输公司，投放合法运输船舶。

八年如一日，沙国清凭着这股韧劲儿，带着对海事工作的责任感、使命感，拼命地工作，没有一句怨言。

对别人如此，但对自己的亲人，沙国清亏欠的太多。母亲病危，他在与其他部门联合执法，没办法回家。直到大哥打来电话告诉他，医院已经下了3次病危通知，母亲就快不行了，心急如焚的沙国清才匆匆赶回去，见了母亲最后一面。

6年前妻子离开了这个家庭，扔下了当时只有6岁的女儿和3岁的儿子，沙国清只好把他们托付给了远在西昌的姐姐。一别就是四五年，对孩子来说，能见到爸爸，就是天底下最幸福的事。

作为一名平凡的海事工作者，沙国清并没有做出惊天动地的事迹，他就像一只盘旋在崇山峻岭间的雄鹰，日复一日，用辛勤的汗水浇灌着这片哺育他成长的贫瘠土地，把最深沉的爱，毫无保留地献给了他所热爱的事业和父老乡亲们，始终无怨无悔。

扫码收听本文音频

小金县:交通改变未来

小金县位于阿坝藏族羌族自治州南段,属于典型的高山峡谷地形,全县一半行政村位于高半山上。2002 年小金县被列入国家扶贫开发工作重点县,2012 年被确认为国家新一轮扶贫开发工作重点县。精准扶贫开始时,小金县核定贫困村 88 个,贫困户 3266 户,贫困人口 11957 人,贫困村数量居阿坝州之首。

“看见屋,走到哭,望着山,走得瘫”一度是小金群众出行难的真实写照。山高,谷深,受制于交通等瓶颈制约,小金县本地优质的蔬菜、水果等农特产品更是难以运出大山,群众脱贫增收困难重重。抓好交通尤其是建好全县的农村公路,成为小金干部群众的一致夙愿和美好梦想。

这样一个深度贫困县,却计划 2018 年实现整县脱贫摘帽,靠的是什么呢?

从 2014 年起,小金县围绕“畅通小金”目标,把农村公路建设作为向群众公开承诺办理的“十件民生实事”之一,县财政每年投入交通专项资金 500 万元以上并逐年递增,力求把农村公路建成“民心路”“致富路”,努力促进农村发展、农民增收。

2014 年,小金启动实施“农村公路建设攻坚年”,当年实施村组道路硬化 1400 余公里(其中:通村路硬化 92 条 400 余公里,通组路硬化 400 条 1000 余公里),农村公路建设取得历史性突破。2015 年,围绕“四好农村路”实施“交通建设提升行动”,建成县城过境路,提升村组道路 310 公里,新建县乡道“生命维护”安保工程 118.8 公里。2016 年,以“创建四好农村路”示范县为目标,实施“交通扶贫跟进年”,建成交通扶贫项目 14 个,新建改造村组道路及产业路 131.5 公里。2017 年,定为“交通枢纽启动年”,全力推进国省道项目前期。

由于修路所需资金巨大,小金县积极拓宽筹资渠道,用好用活“一事一议”投工投劳,充分发动群众、企业参与修路。2014 年以来,全县发动群众捐资投劳 5300 余万元、经营企业主及社会各界捐资 300 余万元。

特别是在交通运输部的定点帮扶下,充分发挥农村道路的基础性、支撑性作用,实施交通定点扶贫项目 41 个,完成投资 3.5 亿元,改造危桥 25 座,新建农村道路 15 条 115.6 公里,安保工程 6 公里,着力打通脱贫攻坚“最后一公里”。

目前,通过持续攻坚,率先在全省民族地区实现两个 100%和一个基本全覆盖,即小金县通乡油路达 100%,村道硬化率达 100%,率先在全省民族地区实现了农村公路安保基本全覆盖。高山上已建成乡与乡之间连接线 6 条,村与村之间连接线 16 条,许多村寨还建成了“二环路”。

在小金县沃日镇木栏村就有一条这样的“二环路”。一个小村子竟然有“二环路”,也许会让人感到惊讶。在当地人解释下,才明白这“二环路”是老百姓自己给起的名字。原来在 2017 年 9 月份,木栏村新建成一条 2 公里多的农村公路。别看不长,但这条村道两头都连着 350 国道,在木栏村形成了一条环线。这条路让当地 2000 多名群众受益,服务了 2000 亩左右的苹果产业园。老百姓高兴,就管它叫“二环路”。

交通发展了,老百姓也有了更多的增收渠道。

如今,木栏村的苹果直接可以卖给过往游客,还可以搞采摘。网上销售也很方便,快递公司上门揽收,轻松发货。

但在以往,村民还主要是种植小麦、玉米等农作物。“以往路不够好,种苹果销售不方便,而这东西又不能当饭吃,不敢多种。”沃日镇党委书记杨敏说,“现在不一样了,交通方便,销路不愁,村里苹果种植面积越来越大。”

从种口粮到种果木,从自给自足到发展商品经济,这种变化体现得很明显。正是交通的变化,让这里的生活变得更美好。

扫码收听本文音频

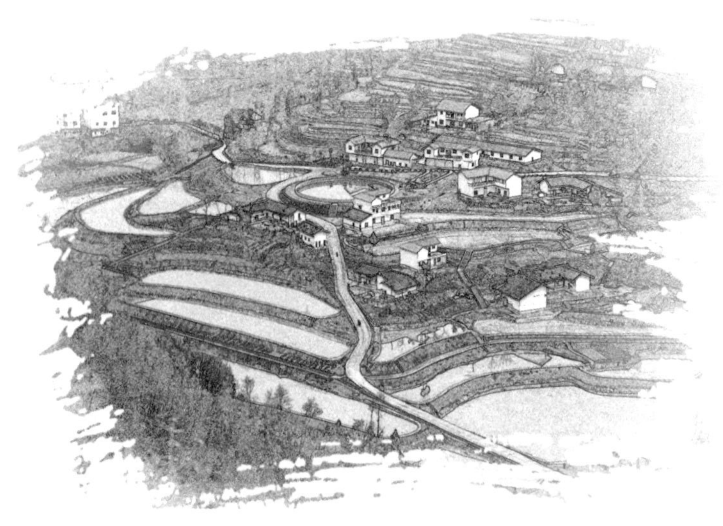

雅康公路的前世今生
（上）

2017年的最后一天——12月31日下午6时，雅康高速公路雅（安）泸（定）段试通车运行，四川藏区结束不通高速公路的历史，翻开了川西大地发展新的篇章！

今天，让我们回顾雅安至康定公路的百年变迁。

雅康公路始建清朝光绪年间

据《清末川滇边务档案》等相关资料记载，川康公路建设之始，在清光绪三十三年（1907年）。当时，川滇边务大臣、护理四川总督赵尔丰以“治边”为由，修建成都至康定的骡马车道，预算银20万两。所选路线，自雅安经荥经小河场进沟，过蒲麦地、龙巴铺以达康定，其用意是避开大相岭、飞越岭两座大山，但因当时测量与筑路工程人才缺乏，未经勘测即盲目动工。后赵尔丰调迁，筑路未果。

1912年，川康公路成雅段开始筹备修建。后来，川康公路停工。此后10余年间，因无人管理，已筑路段的扩宽部分复为农田。1925年，国民政府军二十三军军长刘成勋为巩固防区的军事需要，决定修筑成康马路。12月，成康马路在成都武侯祠举行开工典礼，次年秋完成成都至新津土路40公里。新津至邛崃、邛崃至名山、名山至雅安3段分段同时开工。1927年，成康马路工未及半，刘成勋被二十四军刘文辉部打败，通电下野，筑路工程遂停。同年,刘文辉设成康马路总局于邛崃,历时10个月仅将新、邛段41公里打通。成雅路长151公里,经“二刘”两度修筑,直至1932年夏,先后费时近8年,派款银近40万两,才勉强打通。路基一般宽约7米,砾石路面,弯多路窄,逢场镇穿街而过。

1935年5月,为堵截长征的中国工农红军,蒋介石飞抵成都督战,将川康公路列为战运干线并限期赶筑。8月,公路总局派工程师洪文钰先行踏勘由雅安经荥经至泸定路线。后蒋介石行营公路监理处又派工程师王永祓踏勘由雅安经天全至泸定路线进行比较。随后蒋介石派美籍技术专员凯恩浩复勘定线:由雅安向西经飞仙关至两路口,折向西南越二郎山再经干海子至泸定,过大渡河经冷竹关而达康定,全长224公里。

1936年7月,西康建省委员会成立后,雅安至康定的公路建设计划加快提上了议事日程。

“西康交通之困难,可谓冠于全国。自康定至成都计程九日,最为捷近。余则无论入藏、入滇、入青,平均皆逾四十马站。且各路崇山峻岭,羊肠小道,出关则尤冰天雪地,寒冷异常。因交通之险阻,而各项要政亦随之而停滞,故发展交通为建设新西康之先决问题。”“交通是我们的致命伤,交通又是我们的生命线。”刘文辉认为,“唯其它(交通)是西康的致命伤,我们必须克服它;唯其它是我们的生命线,我们必须建设它。”

全面抗战爆发后,蒋介石又电令重庆行营:“大规模计划兴修西康省各公路,拨款先修川康路。”5月,公路监理处再次于天全组建川康公路工程处,行营监理处副处长彭先蔚兼处长,王永祓、骆美轮为副处长。经工程处测定全线里程为225.9公里(实际仅有219公里)。决定采取分5段自雅安向西逐步推进的施工顺序。

路基土方征调民工开挖，先后共征调 13 万余人。路基石方及桥涵等招雇石工，常年 8000 余人，最多时达 2 万余人。

第一段雅安经天全至下南坝长 72 公里，征调雅安、天全各1.2 万人，荥经、汉源各 4000 人，名山 7000 人，芦山 3000 人，于 1938 年 5 月开工。

第二段由下南坝经两路口至龙胆溪长 36 公里，征调四川省丹棱、夹江、洪雅、蒲江、邛崃 5 县民工共 4 万人。

第三段由龙胆溪经二郎山垭口至干海子长 23 公里，此段海拔最高，冬春积雪没胫，必须抢时在冰雪封山前打通。规定由天全县征调筑路及运输民工各 5000 人。这段工程到 1939 年 2 月结束。

第四段自干海子经泸定至冷竹关长 60 公里，征调雅安、汉源、荥经、芦山 4 县民工 3 万余人修筑。

第五段自冷竹关至康定 27 公里，征调名山、洪雅、丹棱、蒲江 4 县 1.5 万余民工修筑，1940 年秋完工。

1940 年 10 月 15 日，川康公路工程处主持试车，组织小客车及大卡车各一辆，从天全出发，小车颠簸 6 天，于 20 日到达康定。1941 年 2 月，又由交通部另行组设川康公路改善工程处于天全，时经 1 年全线勉强通车。

川康路雅康段的修筑，从 1936 年 6 月算起，共 4 年半。据 1940 年《康导月刊》第三卷载："川康公路修筑时，民工死亡约 3000 人，负伤者约 6000 人。"

在付出无数的牺牲之后，川康两地终于修通了公路，川康公路也连通了汉藏各族人民的交通往来！

1949 年 12 月 9 日，西康省主席刘文辉在彭县通电起义。13

日，西康省公路局局长陈光藻，号召全局员工坚守岗位，护厂护车迎接解放。1950 年 2 月 1 日，解放军入康，党、政、军人员进抵雅安，雅安军事管制委员会交通接管组派军代表傅奔涛接管原西康省公路局，接收客车 3 辆、货车 8 辆。

“一面进军，一面修路。”

“为了各兄弟民族，不怕困难，努力筑路！”

1950 年，党中央和毛主席发出号召，西南军政委员会和西南军区立即成立康藏公路修建司令部，由陈明义兼司令员，西南交通部公路局局长穰明德兼政委，将整个工程具体分为四个阶段实施。

“海拔 2980 米的二郎山垭口工段最为艰苦，阴雨不断、杂草丛生、病疫肆虐，有段时间部队患病者竟达三分之一，仍顽强地带病修路，与天斗、与地斗、与残匪顽敌斗，战胜二郎山天险，用血与汗谱写出二郎山的壮歌，此后《歌唱二郎山》的歌声唱遍全中国！”

扫码收听本文音频

雅康公路的前世今生
（下）

雅康古道多条通行且艰险

实际上，雅安古时进入康、藏地区的古道有多条。据雅安市交通资料记载，公元前316年秦并巴蜀置蜀郡后，雅安始开青衣道干道。由于古代军事驻军和驿道管理的需要，为来往的军政人员和邮传士卒提供食宿方便而设置了塘汛、驿站（铺司）。隋大业时期（605—613年）开辟入藏茶马道，以雅州之茶，易藏地之马。

“天全称为碉门，以禁山悬空，两山夹峙如门，岩石错杂，类若碉楼……徼外有番夷三十六种，酋长皆由和川（天全河）出雅入京。”

《天全州志》记载：唐初在此置和川兵镇，唐末至清初为杨土司驻地，北宋在此设茶马司，清雍正七年（1729年）设天全州，碉门改称禁门关。此关由天全河切割落溪山和大岗山南北构造而成，中为深峡河谷，两山对矗，状若石门，地势险要，历为兵家必争之地。古时筑有碉门关城，常设戍兵。

《芦山县志·古道路》载：隋大业时（605—618年）在碉门（天全）已形成茶马市场，“以汉人之茶，易吐蕃之马”。《宋会要·职官》载：“蕃戎嗜名山茶，日不可缺……一百斤名茶，可换四尺四寸大马一匹。”

在隋代，汉区生产的茶叶入藏，始阳道由碉门分两路直通泸定、康定。

第一条是始阳道，从名山、雅安经飞仙关入天全境，沿绿永河，过虎头峡，顺荥河，翻大相岭，经宜东至烹坝，过冷竹关到康定约 290 余公里，这条道路较宽，民间称茶大路。

第二条是和川道，从名山经雅安到天全，又经紫石关、大仁烟、两河口，越马鞍山至冷竹关，与第一条道路相会至康定。这条道路虽较短(约 260 余公里)，但陡窄难行，民间称为茶小路，边茶运输抵达康定。

除了干道，还有两条支道可达康藏地区。一条叫作夏阳道(宋代称灵关道，清代称夹金山小路)，其路线由芦山经灵关、宝兴、饶碛，再北上，经扎谷巴关(今杂谷坝)、筲箕窝，越王母寨(夹金山顶)入小金县境，沿木城沟，经长海子、达维至小金县城。

另外一条叫作富(林)康(定)道，其线路由汉源县富林上场口出发，过流沙河，上萝卜岗，经下灯坝、青杠嘴入丰乐场，经高河坝、宰羊溪、美罗场、八牌、安靖、礼约、挖角，上扁罗岗、雨洒坪入泸定至康定，全长 160 公里。

1930 年的《康导月刊》记载："川康间行旅往来，向持肩舆，民国五、六年后，多为滑竿，因山高路险，行旅欲速，气力不济，则吸烟以兴奋之，日久成瘾，非烟不行，以每日所耗饭食，不过一、二角，而烟费则八、九角。"1934 年《康藏前锋》刊载："西康交通极为困难，雅(安)、康(定)道路遥远，茶包运输尽系人力。由康以达各地，纯赖'乌拉'。乌拉者运输之牛马也，日行不过四、五十里，千里程途，有一月始达者，因牲畜无粮，纯赖途中水草生活，故不能计程而行；亦有用羊驮载者，因山路窄狭，牛马不便，故以羊运之。"

1938 年,雅安军界人士曾铸九用黄金一百两购回汽车一部,为雅安第一部私人汽车。1939 年,雅安商人叶宪文等合股购买汽车,为康藏茶叶公司运茶。1940 年,西康省交通局购回汽车 10 辆,参加成雅线客、货运输,是为西康公营运输之始。至 1949 年,由于国民党溃军的破坏,雅安境内公路仅剩下市区至金鸡关 10 公里路通车,其余公路不仅机动车辆难以通过,驮马行人也感困难。

1950 年 2 月雅安解放后,由于客车较少,仅能维持成雅线客运,雅安至康定班车曾一度采取货车附搭旅客办法,暂时缓解雅康间乘客困难。

"为解决川康公路客车不足的困难,1950 年 4 月,西康省交通厅制订'军、公、商车附搭旅客管理办法'——凡车辆利用空余吨位载客,统一由省运司各站办理登记,并填给总票;货车装货后,载重在安全限度以内,且又出自乘客要求,准许附搭;军、公车辆回空以及商车载货搭客,票价按省运司规定的普通班车客票价率计收,由各汽车站统一发售,省运司从票款中提取 10%~20%作为业务管理费。"

1951 年 1 月,为支援解放军进藏,西康省交通厅在雅安组织"民营兽力运输生产第一联营社",并在荥经、富林、滥池子(今新沟)、泸定等地设立联营站。当时二郎山冰封雪阻,汽车不能畅通,支前物资——茶、盐、粮及其他军需品,急需驮马承担由滥池子去泸定的转运任务。因支前运输紧迫,雅安民营兽联社从筹备到开业仅一周时间,当年共驮运支前物资 1459.5 吨。

1954 年 12 月 25 日,康藏公路全线通车,雅安各界 2 万多人集会,西康省人民政府主席廖志高剪彩,省运司副经理高明芳带领汽车 124 辆,满载进藏物资,参加通车典礼。“二郎山垭口海拔 2980 米,公路弯多坡陡。西康省交通厅鉴于康境公路崎岖危险,除军车、特种车外,实行夜间交通管制。”

如今,雅安至泸定的高速公路通车后,从雅安雨城区出发1 个半小时左右就可以到达甘孜泸定,较沿国道 318 线通行的时间缩短近一半。全长 13.4 公里的二郎山隧道,海拔高度比国道 318 线老二郎山隧道降低约 700 米,通过时间缩短到 15 分钟。

扫码收听本文音频

交通学子站上世界级领奖台

在四川交通职业技术学院,2013 级汽车工程系学生杨文浩最近成为了大家追逐的“明星”。前不久,在被誉为“世界技能奥林匹克”的第 44 届世界技能大赛上,代表中国出征的杨文浩与37 个国家和地区的优秀选手同台竞技,经过激烈角逐,勇夺“汽车技术”项目的银牌,实现了中国在这个赛项上奖牌零的突破。

这枚沉甸甸的银牌的背后,是杨文浩艰苦的付出。2 年多日复一日的训练,让他手上磨出了厚厚的茧。

备战期一天晚上 12 点,践行楼二楼的实训室里,灯火通明。这间专门腾出来的实训室里,指导老师、教练员、学生,满满当当装着一屋子的人。杨文浩那一双沾着汽油的双手,还在发动机上捣鼓着。“全力备战世界技能大赛”的横幅挂在墙上,提醒着所有人,这是不容怠慢的时刻。

“试试按这里!”“看看红色的线对不对?”教练们纷纷提出了自己的意见。杨文浩站在一辆汽车前,研究着这台汽车的发动机装备。“轰”一声,发动机发动成功。“好!”所有人鼓起掌来,为了这次模拟考试的过关而欢呼庆祝。

凌晨 1 点,本次考试的总结会还在召开。每个人都要提出此次考试的问题、解决办法、改进方案,总结经验教训,安排明日的训练任务。一项一项的议程进行下来,已经到了凌晨 2 点。

会议结束,所有人才迅速地跑出践行楼,回家、回寝室,为了第二天 8 点又要开始的新一轮训练。“每天就像打仗一样,抢时间、拼成果,紧张而激烈,不能有一丝的松懈。”杨文浩说。

两年时间的备战:训练、考试、总结,周而复始。

从大一进校,杨文浩与其他5名同学一起,便被选入学院世界技能大赛辅助组。从进组时的零基础,到最终的脱颖而出,是超出常人的艰苦付出。

早上7点起床跑步,训练体能。8∶20,训练室集合,开早会。8∶30至11∶50,13∶30至17∶20,18∶30至10∶00为训练时间。周末不休息,没有寒暑假,严格的训练制度和自律的训练作息,让杨文浩在高强度的训练中,不断成长。2016年3月,杨文浩在院内选拔赛中力拔头筹,最终代表学院冲击全国选拔赛。

进入备战赛后,杨文浩对自己要求也更加严格,将所有时间都投入到训练中,甚至过年也只回家两天的时间,便返校继续训练。不仅杨文浩自己,教练和指导老师也都只休息了两天便返校,所有人都是全心地投入。

为了更好地适应比赛的内容、流程和氛围,训练组将备战训练变成了模拟考试。按照考试内容:发动机管理模块、转向制动悬架、车身电气、发动机机械、传动桥等项目设置题目。每天出考题,考试,总结,再出题……经过不止100场考试,这样的常规训练一直持续到进入国家集训队。

在经过了全国选拔赛、10进5比赛、5进2的4轮比赛、2进1的2轮比赛,身经百赛的杨文浩,以全国第一名的成绩,代表中国出征世界技能大赛。最终在被誉为“世界技能奥林匹克”的第44届世界技能大赛上,勇夺“汽车技术”项目的银牌,实现了中国在这个赛项上奖牌零的突破。

以学生身份站上世界技能比赛的颁奖台,杨文浩荣誉的背后，是四川交通职业技术学院全面深化教学改革，不断创新人才培养模式，培养新时期“大国工匠”的生动实践。学院既注重对学生专业能力的培养，让学生成为技术能手，也坚持“育人为本、德育为先”的教学理念，让学生养成高尚的职业道德。作为四川交通职业技术学院培养的第一届高端技术技能型人才，赛场上的杨文浩很好地展示了该院学生的精湛技能和精益求精的职业精神。

扫码收听本文音频

阿福的“福”

一大早，山雾还未散尽，金口河区共安乡新建村的村民们就已经陆续上山，在茶园里忙活起来。

51岁的村民阿福每天都会来茶园干活。此时，他正挥舞着手中的剪刀，仔细给茶树修剪枝条。

新建村地处峡谷腹地，山高坡陡。山头上这片茶园本已荒废。如今，随着村里发展山茶产业政策的落实，茶园又迎来了新的生机。

乐山市金口河区位于四川省西南部峨眉山南麓，小凉山脉腹地，地处乐山、雅安、眉山、凉山等四市州交界处，境内山峰林立、沟谷深险。恶劣的自然环境限制了发展，也使得“金口河”曾一度成为闭塞与落后的代名词。

随着国家精准扶贫计划的开展，自2015年7月起，四川省交通运输厅等7家帮扶单位对金口河区41个村开展全覆盖对口帮扶，从项目、资金、技术等方面，助力金口河脱贫攻坚。

四川省交通运输厅机关及厅直单位直接投入86万多元，用于当地各类产业扶持，涵盖养蜂、茶叶、药材、土鸡等十几个项目。像新建村这片380亩的茶园，经过重新开发后，每年将会给当地村民带来数十万元的经济效益。

阿福还在山头劳作，半山腰的居民新村里，阿福的妻子正细心地给孙女编辫子。

吃完早饭后，她把孙女送到了村里的幼儿园。村幼儿园是近两年在扶贫帮扶中修建起来的。与城里的幼儿园相比,尽管设施与环境还有不小差距,但在这里,村里的孩子也能像城里孩子一样接受启蒙教育,度过一个快乐的童年。

不仅是幼儿园,过去两年,四川省交通运输厅共争取各类建设资金 2000 多万元,为当地群众修建了生产生活道路、文化广场、水电及排污设施、公厕垃圾池等多种公共设施。

山村的生活条件在改善,智力扶贫也持续加强。过去两年,四川省交通运输厅前后组织 65 人次免费参加挖掘机、物流、电子商务等技能培训,解决近 40 人就近务工问题。结对帮扶困难学生 102 名。

曾经落后的山区,正由内而外发生着惊人变化。

送完孙女上学,阿福妻子又急忙上山。她要在山腰的树林里寻找一种精灵般的食物——山笋。而在过去,采摘和运输的艰难,使得外界无福享受到这林间美味。

地处高半山的新建村,过去联系外界的山路险峻崎岖,坡高路陡。即使是村里劳力最好的青壮年,下山、回村,来回一趟也要大半天。农产品运不出去、收购的客商进不来,家门口鲜有挣钱机会……

2016 年底,投资数百万元修建的通村水泥路正式通车,打破了交通瓶颈,也打开了村民脱贫致富的大门。

经过几个小时的细心寻找,阿福妻子的背篓里已经装满了笋子。收笋的货车就停在村口,阿福妻子采挖的这些新鲜笋子,将通过这条全长 9 公里、高低落差 1500 米的盘山公路,很快运送到山下的市区。得益于当地日渐改善的交通运输网络,几个小时后,金口河山笋就会出现在成都市民的餐桌上。

此时,阿福已经结束了茶园的工作,他正以最快的速度下山去采集蜂蜜。

木桶养蜂是当地的传统,独特的地理环境与气候特征,使得金口河大峡谷的百花蜜气味清香,味道纯正,营养价值高。

蜂蜜的味道,是甜滋滋的。阿福的心里,更是甜滋滋的。这两年来,在四川省交通运输厅驻村干部的联系下,农业专家驻村传授村民科学养蜂技术,解决了土法养蜂存在的产量低、不易存活的问题。新建村的蜂蜜年产量从原来的几百斤提升到了4000斤,质量更是有了很大的提升。

通过驻村干部的努力,新建村搭起了崭新的养蜂棚,并创立了自己的品牌——"峡谷蜜"。依托交通运输行业的支持,这些物美价廉的"峡谷蜜"出现在了四川省内九条高速公路服务区的扶贫专柜上,让全国各地的群众都能品尝到这最正宗的金口河农副产品。

阿福从蜂场回来已是下午,他还要打扫自己负责的村道路段。虽然护路工是一个公益性岗位,每月只有300块钱补助,但是阿福依然打扫得很认真。阿福说,这条路给他和他们村儿带来了福气。

阿福的妻子已经开始在厨房做起了晚饭。正当阿福老两口交谈着一天下来的收获,这时,村主任兴冲冲地把阿福叫去村委会开会。

会议是由即将离开的四川省交通运输厅驻村书记和新来的驻村书记们共同参加的。作为村民代表的阿福也要提意见,提建议。会上大家畅所欲言,既有过往的总结,也有未来的规划。

这一晚,阿福的"福"字,被提到很多次。

曾经，名字中的“福”，不过是父辈对儿孙们生活的一份希望。

如今，经过精准的帮扶，终于变成了厚实的获得和满足。

这，是阿福的“福”，也是千千万万个阿福的福。

背景资料：

截至2017年底，金口河区公路通车总里程达327公里。其中，普通国道29公里，农村公路298公里，至乐山市区已实现二级公路连接。

金口河区共6个乡镇、41个建制村，已实现100%乡镇通油路、100%建制村通硬化路。

目前，峨眉至汉源高速公路和G245线金口河过境段正加快推进建设。

过去两年，省交通运输厅投入扶贫励志基金16万元，88户贫困户受益。厅直系统开展以购代帮40批次，金额51万元。

厅直单位、机关处室共结对帮扶108户贫困户，落实帮扶慰问资金66.77万元。

省交通运输厅帮扶的4个省定贫困村中，新建村、建设村已于2017年退出，迎新村、蒲梯村计划2018年退出。

扫码收听本文音频

十年一路　平安兴蜀

四川省道303线映秀至卧龙公路，穿越映秀、茂汶两条高裂度地震带，沿线余震不断，次生灾害频发，道路保通安全隐患大，加之地形狭窄、山体严重风化、沟深坡陡的工程建设特征，素有"地质灾害博物馆"之称。

2005年开工建设，原计划2008年建成通车的映卧路，却连续遭遇毁灭性的地质灾害。

2008年"5·12"汶川特大地震，2010年"8·14"特大山洪泥石流，映卧路先后两次被彻底损毁。

在两毁三建的10年间，先后有30多家单位、数万人投入到映卧路安全重建的极限挑战中。兴蜀公司总工程师、映卧路指挥长、高级工程师樊增彬说："飞石最危险的地方，每几分钟就爆发一次，满山遍野机关枪扫射一样。洪水泥石流爆发非常频繁，2010年发生的时候是130年一遇。危险因素非常大，很多工作人员是来了走，走了来。施工单位和我们的监理部安全工作人员花高薪聘请，也很难聘请到比较满意的工作人员。"

面对巨大的安全风险，兴蜀公司通过超常规的安全配备和资金投入，健全安全管理机构，强力推行安全标准化建设，建立了一套安全保障体系。"层层签订了目标责任书。特别是人员入场，必须接受安全教育；机械设备实行编号管理；制定了停工避险措施；安全经费也纳入了常态化安全管理。"兴蜀公司安全部经理、公司专职安全工程师、高级工程师何山青指出。

为了打赢平安建设的攻坚战，兴蜀公司着重抓好安全培训、技术交底、安全督导等工作，将安全责任落实到了每一个人。映卧路安全工程师、高级工程师卢宗兵说，公司先后召开了100余次的安全管理会议和月度安全例会工作，接受安全技术交底，安全培训的人员达到6400余(人)次。

兴蜀公司同时大力开展施工安全生产隐患和地质灾害隐患排查，建立安全台账，分类进行专项整治，切实消除施工安全风险。指挥部和监理组织施工单位开展了周安全检查、月安全检查以及其他各项专项安全检查。累计达到了2400余次。施工单位内部进行的有5800余次的安全检查。

兴蜀公司强化安全防范知识宣传，着力做好现场安全预警管理。道路施工方面采取了信息化管理，进行监控量测和超前地质预报工作，及时调整施工，编制了安全应急预案，定期组织了演练，并下发了防患山洪泥石流应急逃生宣传手册。

在工程现场，兴蜀公司重视防汛专项安全管理，建立预警预报信息平台，科学确定应急撤离逃生路线和应急避险点，确保了工程安全度汛。映卧路管段工程师、工程师田应军说："7月份的时候就收到安全信息平台给我们发的短信。7月9号夜间河水猛涨，无法跟里面取得联系，所以很担心，结果几百号人全部撤离到我们原先制定的应急避险点。"

"5·12"地震之后，抢通的映卧路便道，同样存在安全威胁。为此兴蜀公司及时采取有效手段，保证了便道的安全畅通。映卧路计量工程师、高级工程师罗淑华说："当地的居民和灾后重建车辆愿意选择我们这个便道，因为这样他们可以减少500公里的绕行距离。为此，我们通过采用四面体防护网，在危险路段设置安全哨。"

通过参建各方的齐抓共管和一致努力，有效保证了映卧路施工和便道通行安全，重建期间没有发生一起安全责任事故。

2016年5月11日，香港特区政府和四川省政府联合举办省道303线映卧路灾后恢复重建工程贯通仪式。2016年10月全线通车！

仪式上，时任香港特别行政区政务司司长林郑月娥说："川港两地的专家共同合作，增强公路的抗灾能力，确保它更长远的安全运作，在长达八年的建设过程中，解决工程中遇到的各种问题。在这里允许我代表特区政府，向四川省人民政府和所有参与特区援建工作的部门和单位，致以最衷心的感谢，谢谢你们！"

背景资料：

重建后的映卧路，全长45公里，总投资17.656亿元，由香港特区政府全额援建。全线17座桥梁、隧道，桥隧比达70%，是四川省桥隧比最高的普通公路，展现了专业、顽强的筑路精神和谨慎、严密的安全措施！

映卧路通车后，映秀至卧龙1小时直达，缩短一半时间，小金、丹巴、道孚等地前往成都更便捷，为四姑娘山、卧龙旅游发展提供更好的交通条件，对阿坝州经济发展影响深远。

扫码收听本文音频

强哥，我们来世还做兄弟

2016 年 3 月 8 日 13 时左右，李志强等 7 人在勘察小凉山精准扶贫交通项目途中，经过省道 103 线马边境内 236 公里加 400 米处时，路边岩体意外垮塌，一行 7 人全部遇难。

我叫肖昆，是一名军队转业干部，2014 年 12 月从部队转业到四川省交通运输厅公路局收费(安全应急)处工作。3 个月后，厅公路局面向全国公招了 7 名公务员，李志强就是其中之一。我到公路局的时间不长，听说要来一批年轻人，感到很高兴。

2015 年 3 月，李志强到公路局报到。处里组织了一个小型欢迎会。那天，他穿着一件灰色茄克衫，深蓝色休闲裤，留着寸头，发际线很高，一副理工科知识分子打扮。他微笑着跟着领导进了会场，听完我的自我介绍后，他立马上前，伸出双手，微微弓着腰，操着一口流利的普通话说："肖昆你好，我叫李志强，以后请多关照。"谦逊而热情。

我和志强年纪相仿，随着共事时间越来越长，我们渐渐地熟悉起来。我知道他来自河北唐山，是家中独子，父母都是老实巴交的农民，在考公务员之前，他通过企业招聘，有了北京户口。我问他既然已经户口在首都，为什么还要不远千里来到四川，这里可是西部地区。他说，从小，父母就常给他讲唐山地震的故事，讲全国各地的人民是怎么帮助、怎么支援唐山，让他要懂得感恩。四川汶川地震时，李志强还在长安大学读研究生。他深深关切着四川灾区,盼望着有一天能到四川工作,能学以致用,把专业知识带到最需要的地方去。

我们八个年轻人几乎一起进入单位工作,很快就成了无话不谈的朋友。志强岁数最长,我们都亲切地叫他“强哥”。周末他常带头组织我们一起 AA 制聚餐,那是一段轻松随意,充满着欢声笑语的时光。我们一起分享工作心得,分享生活中的喜悦,我们聊家庭,聊事业,聊新闻,也聊我们这群年轻人对着美好未来的憧憬。3 月 4 号下午是我和他的最后一次见面。他风尘仆仆地来到局里,神神秘秘地对我说,他打算在成都按揭个窝;有个老同志给他介绍个女朋友,月底见面;到时候请大家吃饭。这个 34 岁的农村青年脸上,满是终于要安定下来的那种满足与幸福。

因为还是单身,志强和其他两个“单身汉”结成了伴,在外面合租了一套房子。他的室友小徐对我说,本来三个人约定周末轮流做饭,后来志强发现他们并不擅长家务,干脆主动承担了做饭任务。小徐他们很是过意不去,但强哥总开玩笑地宽慰他们说,“我年纪比你们大,是‘老年人’,瞌睡少,你们工作辛苦,多休息下!”其实大家都知道,都是年轻人,平时工作都辛苦,谁不想多休息呢,无非是强哥又找借口照顾小兄弟们。

生活中的“强哥”,就是这样善良敦厚。工作中的他,又是一个特别严谨较真的人。记得 2016 年 8 月,我们去广安检查省道 304 线一座桥梁安全隐患的时候,因为桥梁两边没有路,岩石陡峭,很难走到桥底下,观察桥梁是否有安全问题。随行的几个同事都认为,这座桥使用时间不长,桥梁下部出现问题的可能性不大,因此准备看看桥面情况,要是没发现问题就返回。强哥听到我们的想法后,主动提出自己攀岩下桥查看。我劝他这样不安全,但他说:“我就是学这个专业的,不下去看看就回去,我总感到不放心。别担心,没事。”他顺着桥边慢慢往下挪,吃力地抠住勉强能固定住身体的草根和石头,手扶脚踩的地方,碎石子刷刷地往下掉,我们在桥上给他捏了一把汗,不停地提醒他千万小心。他下到沟底,细细观察桥梁下部,对疑似有问题的位置还用手机拍了照。他好不容易攀回到公路上,身上的尘土都没来得及拍打,就又谈起了看到的桥梁情况。

“不让领导布置的工作在我手中延误、不让需要办理的文件在我手中积压、不让局机关的形象在我这里受到影响”是强哥常挂在嘴边,也始终付诸于行动一句话。2016 年 1 月,局领导宣布要下派干部到贫困地区进行精准扶贫,强哥主动请缨,到最偏远、最艰苦、群众最需要的地方去,这是他一直以来的向往,他将马边作为实现人生价值的第一站。不论是在局里还是他下派马边挂职期间,我和强哥经常都有交流,他常说的那句“我不去不行”让我记忆最深。要下派到最艰苦的地区开展精准扶贫,他不去不行,因为他生在农村、长在农村、熟悉农村;汛期安全督查,24 小时值班,他不去不行,因为他敬业、他年轻;到施工现场勘察,工程技术指导,他不去不行,因为这是他的专业、他的职责。

2017 年大年初一,我打电话给他拜年,闲聊中他告诉我,他初二就要开车回四川,要尽快到马边熟悉工作。我说我初五到成都,要不要聚一聚再过去?但是他谢绝了。面对新环境、新任务、新挑战,为了尽快融入基层工作,他快马加鞭,短短 20 多天,就实地勘察了全县 20 个乡镇中 15 个乡镇的交通状况,行程 2000 多公里,不管是从马边现在的交通建设情况,还是以后的规划蓝图,他都能如数家珍。

强哥做事总是这么实在、这么认真。到马边挂职前，他问我，“下去挂职要注意什么？”我半开玩笑半认真地对他说：“马边是彝族地区，你要先学会说四川话，然后还要学彝族话，要不没法和当地人交流沟通。”没想到，他当真了。3 月 4 日，他回单位交年度考核表时，他兴奋地告诉我：“昆，我的四川话大有长进。不仅能基本听懂，还学会了不少彝族话了。”说完，就开始讲他学会的彝族词语，那兴奋劲像是捡到宝贝似的。谁能想到 4 天以后噩耗传来，他就这样匆匆离开了我们。我始终不愿相信，总觉得他只是暂时离开，明天中午就会回单位，在食堂我们常坐的那张桌子旁，还是在那个靠墙的位子。

他就是一个像我们一样平凡的年轻人，有理想、懂生活、爱工作。强哥，我知道，你一定很愧疚没能开车带年迈的父母，到你工作过的地方看一看；一定很想念和我们这些兄弟姐妹欢聚的时光；一定很遗憾没能和那位素未谋面的姑娘见上一面……强哥，你不会被遗忘，我们见证你默默无闻的付出，你用炽热的心灵和满腔的热忱，为小凉山精准脱贫之路，点亮了一盏希望之灯。我们将继续完成你未竟的事业，你的精神，将随着我们交通人的足迹，星火燎原！强哥，你一路走好，来世，我们还做兄弟！

扫码收听本文音频

昭觉交通用真情凝结关爱

冬的寒冷,在昭觉,有时是刺骨的冷。雪落的日子,往往雪上加霜,室外的自来水龙头常被冰封,要用火烧和开水烫,水才哗哗流泻而来。山里的彝胞和牧民最愁的是柴火、取冰水和放牧。积雪上的牧羊啃上树叶,比如青岗树叶,咀嚼起来也似乎津津有味。

摘自人民文学2013年12期《昭觉的冬天》

如今,凉山州昭觉县在上级部门及县委县政府的正确领导下,在全县人民的共同努力下,变得不再“冷”,现已实现交通路网、电视、电话、网络全覆盖,基本已经抹掉了过去愁吃愁穿的影子,正在以全新的姿态,绽放自己独有的魅力。在这些改变的背后,少不了县干部群众“5+2”“白+黑”夜以继日的努力。接下来要为大家讲述的,就是这么一位交通人,他默默为昭觉县农村公路发展无私奉献,不怕苦、不怕累,真正用实际行动,感染着身边的每一位同志。

为顺利实现全域全程同步小康,昭觉县开展了干部“驻村入户、结对帮扶”活动,县交通运输局在第一时间召开专题会议安排部署,积极响应号召,局党组书记、局长马格日同志亲自率队前往哈甘乡(帮扶乡)开展“驻村入户、结对帮扶”活动,强调哈甘乡全体乡、村干部要压实责任,第一书记和驻村工作队必须到岗到位。

昭觉县哈甘乡紧挨着支尔莫乡,辖区7个行政村,25个农牧服务社,共有农户1410户,农村总人口6210人(均为彝族)。依靠种植养殖业为主要收入来源,粮食作物以玉米和马铃薯为主。为使贫困户尽早脱贫,乡干部和县交通运输局共同与全乡376户贫困户实施了结对帮扶,帮扶小组成员定点联系相关贫困户定期或不定期走访帮扶户,以便了解情况,及时解决群众困难。截至目前,全乡共有建档立卡贫困户376户1444人。

沿着弯曲的山路,马格日同志一一走访慰问了6家贫困户,详细询问他们近期的生产生活情况、存在的困难,是否享受到扶贫政策等。在走访中,得知有一贫困户吉克伍子,丈夫病逝后,3个孩子都还在读书(2个初中,1个小学),虽已经享受彝家新寨建设,住上了100平方米的房子(暂时未搬进住),但家里主要经济来源只能靠仅有的2亩旱地种植玉米支撑着,年收入不到2000元。1位妇女拖着3个孩子,加之身体常年不适,无法进行正常劳作。马格日在得知此事后,就亲自联系小车将吉克伍子带到县医院做全身检查,由于县里条件有限,又送往西昌市住院治疗。就在此时,他还自掏腰包支付了贫困户的检查费和生活费,切实解决了吉克伍子的实际困难。期间还多次与亲属沟通,告知他们一定要听党话,跟党走,坚信在脱贫路上一户都不会落下,养好身体,未来的日子也会越过越红火,一定要对党对自己有信心。

当吉克伍子接过马格日手里的1500元帮扶金时,眼里闪着泪花,嘴里不停地说着:“卡莎莎、卡莎莎……”

授人以鱼不如授人以渔。凭着20多年的工作经验,调入县交通运输局的他认识到,扶贫帮乡并不是简单地送钱送物,更重要的是要把党的温暖和关怀送去,并想方设法改善当地人居环境,发展产业,推动集体经济发展。当地的贫困现状,令他深感忧虑和揪心，在实地勘测哈甘乡的水土等资源情况后，他积极与雷波县苗木种植专家王连成联系，邀请专家到哈甘乡瓦伍村，传授脐橙种植技术。“发展种植、养殖、加工等产业，才能真正脱贫。”他对村民们说道。贫穷并不可怕，可怕的是人心涣散，对生活没有了追求。他通过与贫困户逐一交心，反复商谈，增强了互信。刚开始，村民们“一头雾水”，积极性不高，他心里打鼓似的。精诚所至，金石为开，通过登门征求意见建议和大会小会宣讲，这一产业帮扶工程终于得到村民们的一致认同，目前正处于加快推进之中。哈甘乡的村民们不愿继续忍受贫穷，“人心思进、人心思富、人心思变”蔚然成风，也成为村民们茶余饭后的交谈话题和关注热点，由此看到了“思路一变天地宽”的希望和曙光。他黯淡的眼睛，才闪亮了起来，还露出了欣慰的笑容。

“打赢‘脱贫攻坚战’同样需要‘冲锋陷阵，攻坚拔寨’，精准扶贫、精准脱贫，既要善于在面上‘织布’，又要善于在点上‘绣花’。”马格日在大会小会上常常这样谈道。按照昭觉县的统一要求，县交通运输局召开了脱贫攻坚工作动员大会，成立了脱贫攻坚领导小组，明晰了职责分工，并明确驻村第一书记及日常事项与工作要求，立下了脱贫攻坚工作的军令状，形成了扶贫工作的责任链，构建了脱贫攻坚工作的大格局。

马格日对自己各方面的要求都十分严格，处处以党员的标准对照、检查、规范自己的行为。他严于律己、廉洁自律、以身作则、处事公正，模范遵守各项规章制度。在交通战线上立足自己的本职工作，战斗在脱贫攻坚第一线，心中有一团火，支撑着他不忘贫困群众，把切实为民办实事当作转变工作作风的头等大事来抓，解决群众的实际问题，为群众办好事实事，同时发挥好党员的先锋模范作用，为决战决胜脱贫攻坚，实现昭觉“脱贫摘帽”和与全国同步小康目标，做出自己应有的贡献。

扫码收听本文音频

凉山交通质量安全忠诚守卫者

交通战线,任劳任怨31载。苏友门同志出生于凉山州雷波县的一个农村家庭,他18岁参加工作,从参加工作的第一天开始,他就成了交通系统的一名成员,至今在交通战线上已经奋斗了整整31年。从18岁到49岁,这31年对于任何人的一生都是极为重要的,苏友门也不例外。就是这一普通而又充满荆棘的岗位,他一干就是31年,无论多么艰辛,他总是按时按质按量地完成上级交办的工作。

与病魔抗争,为工作拼搏。早在2007年,他就被查出患有淋巴瘤,一直在与病魔抗争,但他从未把自己当做病人,一个个建设项目的质量现状需要去监督管理,一个个项目的鉴定结论需要逐个把关,一个个工程中凸显的质量安全隐患需要提出整改意见,一件件站务工作需要及时落实,工作31年来,他全身心投入工作中,从未休过假,每天上班总是第一个到达单位,最后一个离开办公室,为全站职工热爱质监工作、珍惜工作机会树立了榜样,他常常教育身边工作人员认认真真做事,清清白白做人。

"忙,确实忙;累,实在累。但只要是在工作上忙,在工作上累,那就值!"他经常对自己这么说。"5+2""白+黑"的工作模式,对于他来说已经成为习惯,这31年来,他从未请过一天的假,连正常的节假日与周末,他都经常忘记。有同事开玩笑说:"苏站,在你的大脑里好像只有工作啊,其他的都没了吗?""是啊,对于工作,我尽心尽力全身心付出了;对于孩子,我不是一个好父亲;对于妻子,我也不是一个好丈夫;对于家庭,我很愧疚!”他总是这样忙工作,长年累月的忙碌,已经让他习惯了这种连轴转的方式。

公正廉洁,不贪不腐。“管好自己的嘴,管好自己的手,管好自己的腿!”这是他经常对身边工作人员说的一句话。他在公路工程质量监督岗位上,坚决秉承了廉洁自律、公正规范的职业操守,从不参加任何形式的宴请,也不与任何服务单位负责人进行工作以外的接触。在他的带领下,整个凉山州公路工程质量监督分站的干部职工们严格遵守中央、省州“八项”“十项”规定和站内制定的“十项规定”“八个不准”,每年都要签订廉政责任书,从未发生过任何违规违纪行为。

成绩是最好的答卷。在建设项目多、工作经费紧张、工作用车不足、领导班子不健全、专业技术人员紧缺、检测设备落后的状况下,他带领全站职工通过建章立制、强化培训、积极协调、定期核抽查等手段,狠抓服务,监督质量,严格工地实验室考核与现场考核,保证了工程质量检测数据的科学、真实和准确性。他担任州质监站站长以来,全州在建的上千个受监工程项目,无一次出现重大工程质量安全事故,开创了质量安全监督工作新局面,受到了省州领导的一致好评。2013 年和 2014 年,该站连续被评为“公路水运质量安全监督工作成效显著单位”;2013 年、2015—2017 年,被省厅质监局评为 A 类质监站。由于他在德、能、勤、绩、廉方面表现突出,经省、州交通主管部门研究决定,推荐他为“2014—2015 年度全国交通运输行业文明职工标兵”。2016 年推荐他为州机关优秀共产党员。

作为一个国家公职人员,苏友门站长许多时候甚至忘记了自己是一名罹患癌症 10 年的患者,时刻保持着清醒的头脑,不忘为人民服务的宗旨,在工作和生活中本着党和人民的利益高于一切,为人民服务的宗旨,坚定个人利益服从党和人民利益的信念,努力工作,积极贡献。他积极践行社会主义荣辱观,把“八荣八耻”“三严三实”作为自己的道德准则,积极组织干部职工学习习近平新时代中国特色社会主义思想,学习《中国共产党党章》《中国共产党廉洁自律准则》《中国共产党纪律处分条例》,教育引导全体干部职工进一步增强纪律意识和规矩意识,切实加强全站纪律作风建设。他认真开展批评与自我批评,切实提高自己的道德修养,时刻以一个优秀共产党员的标准严格要求自己,积极参加各种有益的社会活动。他具有良好的职业道德和强烈的事业心及责任感,用自己的言行履行了共产党员的职责,真正起到了党员模范带头作用。

扫码收听本文音频

13年如一日的坚守 只为旅客平安出行

田礼,男,1969年7月出生,中共党员,退伍军人,2005年4月转业到巴中市道路运输管理局,派驻江北车站运政驻站办公室工作至今。驻站13年,没有请过一次公休假,没有休过一次节假日,甚至没有休过一个周末。田礼13年如一日坚守车站,严格资质核查,加强源头监管,全力保障旅客平安出行。2006年被省运管局表彰评为全省道路运输战线先进个人,多次被市运管局表彰评为优秀共产党员。

简单的事情重复做

田礼说:“在部队,优秀士兵的标准是入党、立功、转士官。”1987年刚刚高中毕业的田礼,立志要成为一名光荣的军人,同年10月,他应征入伍,成为了广西某水电武警部队一名技术兵。因为表现突出,1991年7月田礼加入了中国共产党,并先后多次被评为优秀士兵、先进个人、优秀党员、优秀党小组长,立三等功2次,从新兵一路成长为四级士官,他用实际行动证明了自己是一名优秀的士兵。然而,从未想过要离开部队的田礼为响应党的裁军政策号召,于2005年主动申请转业,他说:“总得有人离开,机会留给别人吧。”

听说驻站办缺人,他主动申请说:“我刚从部队回来,让我去一线熟悉业务吧。”2005年4月,田礼开始了他的驻站生涯,勤奋刻苦的他很快就可以独立办理业务。同年9月,一同驻站的同事因为工作需要调离岗位,田礼开始了一个人的驻站工作,这意味着如果他请假就发不了车。田礼没有抱怨全年无休的工作,而是主动申请留驻一年又一年,哪怕增添了驻站人员,田礼也总是把休假的机会让给同事。驻站 13 年,唯独在部队老领导病危时请过 3 天假。见到老领导,田礼含着泪说:“师傅,我没有给您丢脸,没给部队抹黑。”

重复的事情用心做

田礼说:“每天看到旅客平安到达,心里才踏实。”驻站办是运管工作的一个缩影,既包括安全保障、运力组织、市场秩序,也包括站场环境和优质服务,驻站工作人员不仅需要业务过硬,更需要忠于职守。尤其是对班线客车和驾驶员的资质核查,督促客运站落实“三不进站六不出站”工作要求,加强道路运输安全源头监管更是容不得半点马虎。13 年来,田礼未耽搁一天,从车站入口到出口,查看一遍又一遍,从安检员到驾驶员,叮嘱了再叮嘱……

短短几十个字,可以概括驻站工作的全部内容,但要真正做到又谈何容易。一向平易近人、态度谦和的田礼,也会因为经营者损害旅客利益、车站处理问题不积极等情况而恼羞成怒、严厉训斥。驻站工作的苦与辣,田礼不是不懂,只是他觉得履职尽责更重要。有一次出站例检,发现一名旅客没有系安全带,田礼上前劝解,结果旅客破口大骂:“关你屁事,多管闲事,像个狗一样。”田礼听后没有生气,而是更加耐心细致地解释,直到说服该旅客为止。事后同事问他,像这种不听劝告的乘客,还管他干嘛呢?他只是微微一笑,简单地说了句:“这是我的职责。”对工作高度负责已成为田礼的一张“明信片”,江北车站的工作人员经常“开玩笑”说,你不按规定来,那田礼就要来噢。

当问到田礼打算在车站待多久时，田礼总是笑而不语。他的笑容也许是对驻站工作的热爱，也许是对自己大无畏牺牲精神的认可，也许是对家人的愧疚……究竟是什么？他从来不告诉我们。

作为党员的儿子，田礼传承了舍小家顾大家、无私奉献的党员精神。他说："妈妈叮嘱我要干好工作，不用记挂她，因为我们都是共产党员。"田礼父母都是老党员，父亲生前曾任当地乡镇党委书记，母亲曾任村妇女主任。自小田礼就受父母的影响，要成为一名勇于担当、无私奉献，真正无愧于党、无愧于民、无愧于心的合格党员。

78 岁的老母亲为了让儿女们安心工作，自己独居老家，面对不能回家看望照顾她的田礼，妈妈说："把工作搞好，不用管我。"哪位母亲不希望自己的儿子能每天陪在自己身边呢？但是田妈妈觉得旅客更需要儿子。田礼驻站的第二年，因为人少事多，白天驻站，晚上参与稽查。7 月的一个晚上，11 岁的儿子高烧不退、人事不省，在南江夜查的田礼拒绝了妻子着急的恳求电话，凌晨 2 点才赶到医院，愧疚地对儿子说："对不起，爸爸来晚了。"刚刚清醒的儿子没有埋怨，只说了一句："爸爸辛苦啦。"身教胜过言传，刚参加工作不久的儿子，一举拿下了公司 3 个奖项。田礼说："我最得意的是从来没管过我儿子，他却很争气。"其实田礼不知道，自己敬业奉献的精神，正是对孩子最好的教育。

扫码收听本文音频

从“黑车”司机到的士师傅

3月23日下午3时，忙了一上午的巴城的士师傅白世明与我们在巴运集团祥合出租汽车公司大门口见了面：30多岁，小平头，戴着一副黑边蓝脚眼镜，个子不高，长得却很敦实，身着一身整洁的工装。

“下午不上班，还着工装呀？”同行的执法人员程浩向老白打招呼。

“这不要来公司吗？中午回家就没换。”老白微笑着回答，手里拿着一个黄色的小包。

程浩和白世明算是老相识了，他们彼此认识还得从2年前说起。

白师傅在2013年7月1日进入祥合出租汽车公司，当上一名驾驶员，之前一直在外面务工。2012年底回家过完春节后，当了10多年“候鸟”的白世明开始厌倦了这种迁徙生活，当听说在巴中城里跑“黑车”也能挣到钱的消息后，便开着哥哥送给自己的一辆二手车，“偷偷摸摸”跑起了“黑车”。

虽然白世明极其谨慎小心，可还没跑上几天，他的车辆还是在一天中午（午休时间）被错时稽查的城市客运管理执法人员程浩等抓了个现行。

“未取得道路运输经营许可，擅自从事道路运输经营活动，事实清楚、证据确凿。处罚款1万元。”当白世明一眼看到交通违法行为通知书上的处罚决定时，他一下就傻了眼。

“我刚跑了几天，才挣了没有3百块钱呢，我家里两个老人年龄大了，两个孩子都还小。因照顾老人小孩，我老婆也没上班，我从哪里去找1万元钱？车子还是哥哥的呢。”白世明当时就一副急得要哭的样子，“我还是三级残疾，又没办法从事建筑行业的工作。”他一边拿出残疾证，一边挽起右脚裤腿让执法人员看。

执法人员程浩在听了白世明的情况说明后，开始耐心给他讲解关于“非法营运”及《行政处罚法》等相关法律法规知识。

“你什么时候开始开车的？”

“我从2002年就拿到驾驶证了，在外面打工也是从事车辆维修工作，对车辆比较熟悉。”

“你的具体情况我会在集体案审会上向领导们反映的，请你积极配合，争取减轻处罚。”程浩递给他一本《四川省道路运输管理条例》知识读本，并试探着问道，“如果有开出租汽车的就业机会，你愿意去吗？”

“当然可以。”

当执法人员程浩将白世明的特殊情况向巴中市城市客运局领导如实反映后，市城市客运管理局安排工会和相关人员到巴州区羊凤乡人民政府座谈，了解了白世明的情况，还带着水果到白世明家中进行了家访，得知家里2个老人都已70多岁，2个孩子都处于上学年龄，虽然不能说家徒四壁，但确实显得很寒酸。

白世明通过法律法规的学习，对自己从事“非法营运”的行为表示悔改，做出了不再从事“非法营运”的书面承诺，羊凤乡人民政府为其出具了贫困证明并担保签章。经市城市客运管理局集体案审会研究后决定：白世明第一次从事“非法营运”，且知错能改，对其免予经济处罚，涉事车辆暂扣1个月后放行。

在执法人员程浩的极力推荐和担保下，2013 年 6 月底，白世明与祥合出租汽车公司签订了出租汽车经营协议。7 月 1 日，白世明正式成为公司员工，当上了一名巴城的士司机。

“白师傅表现非常不错，能胜任这份工作，有主人翁责任感。他开车小心，从未发生过任何安全事故；爱护车辆，喜欢研究车；2014 年度还获得了‘安全无事故责任’奖、‘爱车标兵’奖，平时还乐于助人。”祥合公司经理张俊对白师傅这样评价道。在祥合公司荣誉公示栏上，张贴着公司员工 2014 年度“安全先进个人”和“拾金不昧的表扬公告”，其中都能看到白世明的名字。

目前，白世明的孩子教育支出有了保障，父亲开了一家小诊所，他们还通过自己的努力在巴城按揭了一套房。“现在要供房贷，两个孩子也都到了上学年龄，工作是比较苦一点，但一家人早晚都在一起生活了。”白师傅抱着一双儿女，憨笑的脸上洋溢着幸福的喜悦。

扫码收听本文音频

专注十年 铸造农村安全客运“母舰”

一条条秀美的乡村公路上，一辆辆“腾达”标志的农村客运车辆平稳安全行驶着。“村口上车到县城，村口下车进家门”，地处秦巴山区平昌县的100万百姓，享受着安全、便捷的农村客运，这凝聚着平昌县腾达运输有限公司总经理何风无尽的心血……

勇于开拓 全面推进农村客运集约化经营

2007年，教师出身、时年39岁的平昌县平安公交客运有限公司副总经理何风面临一个艰难选择：是留任公交公司副总过舒适的日子，还是接手腾达农村客运公司，走上一条前途未卜、荆棘丛生的艰辛路？

“别去趟腾达公司那滩浑水，莫意思！”朋友们都这样劝何风。

“商机与困难同在，机遇与风险共存。”同在运输行业，何风了解腾达公司的状况：组建2年多，拥有20多条线路、90多辆车的腾达公司，面对着400多辆农村客运个体经营业主的围堵。无序竞争，让腾达公司运营举步维艰，正寻求资产重组。

在不利中“嗅”得先机，何风敏锐感觉到：不进站、不顾安全、疯狂抢客、无序竞争、事故频发……以个体户为主的农村客运市场，迟早会得到整治和规范，走上公司化经营道路，我又为什么不去抢得先机呢？

时不我待，说干就干。2007年9月，何风多方融资90多万元，毅然收购了腾达农村客运公司。凭借在客运市场数年的摸爬滚打,积累了丰富客运管理经验,刚一接手,何风便着手建章立制,从驾驶员资质审查入手,开始公司规范化建设,推行“四定四统一”,即定线路、定班次、定票价、定站点,统一车型、统一票价、统一标识、统一服务标准和承诺。公司面貌焕然一新,市场秩序明显好转,群众满意度不断提升。

诚如何风先前预见的一样,2009 年初国家出台规定:6 月 30 日前所有农村客运必须公司化经营,因此口碑极好的腾达公司赢得了大发展机遇,先后新增线路 40 多条、营运车辆 260 多辆。11 月底收购另一家农村客运公司后,腾达公司营运车辆达到了 520 多辆,开行县境内农村客运班线 61 条、县际农村班线 2 条、乡村旅游公交线 7 条,开通农村客运村村通线 80 条,平昌县农村客运实现了公司化、集约化经营。

内强管理　着力打造农村客运安全行团队

“即将超速,请降速行驶!”3 月 13 日中午,平(昌)得(胜)线一段平直路上,冉小兵驾驶客运车辆跑得正欢,车内提示声响起,他赶紧松油门降下车速,笑着说,“这车里装了‘千里眼’的,公司的安全员随时盯着呢,不敢造次!”

冉小兵口中的“千里眼”,是腾达公司推行科技兴安,于 2011 年投资 40 多万元购买的 GPS 卫星定位终端设备。采用此套设备, 24 小时不间断联网监控,有效杜绝了公司客运驾驶员“三超一疲劳”行为。

安全出效益。随着公司规模的扩大和营运车辆的增多,腾达公司面临着重大的安全风险压力。为有效化解安全风险压力、保障百姓安全出行,何风在公司里树立了“安全立企、服务兴企”的理念，在健全机构、建章立制的基础上，“三板斧”强化了公司安全管理。

硬件是安全的基础。在出巨资安装 GPS 卫星定位系统 24 小时联网监控的基础上，何风顶住巨大的稳定压力，全面淘汰公司车况差、安全性能差、舒适性差的“三差”营运车辆，几年来改造提升农村客运车辆 520 余台，夯实公司安全生产的基础。同时建立动态巡查制度，分为元得兰、云笔镇、西响白 3 个片区，每队 3 人，组建起 3 支安全稽查队，常态化上路开展安全稽查。

再好的制度，不落实执行都是白搭。何风用铁石心肠、铁的手腕在公司里推动安全制度的落实。跑平（昌）土（兴）线的驾驶员李某是何风姑婆的儿子，2017 年 6 月 13 日，李某在车上安装干扰器逃避公司安全监管，按照法规和公司规章制度，应该处罚 1000—3000 元的罚款。何风与公司安管人员会商后，做出了顶格罚款处理决定。“他可是你表叔，你就这么狠得下心啊？”“你咋只认钱不认亲啊？”“是亲戚、多少象征性的罚点款就算了。”……一些长辈纷纷来质问，说情。“安全问题上，严是爱、宽是害！”何风不为所动。2017 年 12 月 19 日，跑粉壁线的驾驶员陈某，自恃有“背景”，故意遮挡摄像头，以达到超载目的。查获后处不处理、怎么处理，公司内部出现了分歧，有人暗示何风：驾驶员的亲戚是我们行业主管部门的领导，处理了就得罪了领导，恐怕会有“小鞋”穿哟。何风说我相信领导是深明大义的，坚定予以陈某顶格处理，停运 1 月、罚款 2000 元。

多措并举强化安全管理，腾达公司安全生产上了新台阶，安全事故率和事故赔付率都大幅下降，利润大幅上升。在巴中市开展的寻找“最尽职的安全操作手、最负责的安全管理者、最履职的基层安全监管者”，即“三寻找”活动中，何风荣获“最负责的安全管理者”称号。

结对帮扶　积极践行农村客运人社会责任

3月15日一早，石垭乡大运村村民杨志兵将一背菜叶撒向新建的鱼池里，看着大团黑压压的鱼儿来抢食，他咧嘴笑了：“不是何风书记的帮扶，资助挖起了这鱼塘，我哪能有增收脱贫的门路哟！”

杨志兵家情况特殊，儿媳出走多年不见音信，家中4口人，他、老伴和儿子3人都是残疾人，只有17岁的孙女身体健康。何风挂联帮扶他家，了解到他家劳力情况，捐资3万余元建起了5亩多的鱼池，投产后年纯收入可达到六七万元。“更重要的是养鱼不择劳力，我们家可以经营。”杨志兵说。

何书记不止帮扶杨志兵1家建起了鱼塘，还积极协调、引进湖北3个业主，在村里建起500多亩水产基地，给村民们找到可靠的增收脱贫门路；作为脱贫攻坚挂包单位法人，他还每年支援五木乡石马村父母双亡的大学生蒲乐明学习生活费用2.5万元，帮助其完成4年大学学业。

腾达公司还挂包贫困村石垭乡迎凤村。何风召开公司支部会，精心选派了驻村“第一书记”，是巴中市最先派驻“第一书记”的民营公司。几年来，何风多次到村开展帮扶，建起1300余亩的花椒种植基地，硬化村社道路4.3公里，异地扶贫搬迁建档立卡贫困户37户，帮助该村如期实现了脱贫摘帽。

后记：腾达公司并不是平昌农村客运的龙头企业，但它却是平昌客运市场的窗口和名片。该公司成立十年来,经历过无数的风风雨雨和跌跌撞撞,也曾窥见过雨后的那一抹抹彩虹。何风不是企业家,也不是慈善家,他只是一名朴实的共产党员,一位农村客运企业负责人。但他一心为事业,不断推动平昌农村客运工作健康发展;一心为群众,时刻关心着社会上最需要帮助的人们。我们真心为他点赞!

扫码收听本文音频

赤诚书写公路情怀

春夏秋冬四季,在S202线水宁寺至沙嘴段,您随时都能瞧见一位脸庞稍黑、身着桔红色标志服的身影,或挥动长条扫把清扫路面抛洒物,或用铁锹疏通水沟和涵洞,或清理公路水沟周围的杂草和垃圾。渴了,喝一口自带的凉水;累了,在路边休息几分钟。他就是巴州区养路段水宁寺养护站站长赵华。

甘当"铺路石",敬职敬业养好路

1990年初,一个朴实勤劳的山里娃,时年21岁的赵华带着一身泥土气息,来到了巴州区佑垭口道班,和同事一起负责S202线兴文至水宁寺段的公路养护管理工作。这条路是当时进出巴中的东大门,车流量极大,他们养护的路段是20世纪60年代修建的泥结碎石路,路面等级低、线行差、坡陡弯急,病害极为严重,公路沿线水源和养护材料缺乏,仅靠步行、人力和一些简陋的生产工具,养好这10余公里路实在不容易。尽管任务异常艰巨,条件异常艰苦,却并没有难倒赵华他们这班人。为了养好这段路,赵华和同事们经常整天守在公路上,饿了啃几口干粮,渴了喝几口山泉;养护材料跟不上,就开山炸石就地取材,肩挑背扛,填补坑槽,调整路基;雨水把路面磨耗层冲掉,找不到泥土,就用手从树根下、岩缝里掏泥,一把一把撒在公路上。手冻僵了,吹上几口热气暖一暖;手磨破了,贴上胶布或把衣服拉一截,包着铲把继续干。他们平均每人养2公里路,而赵华养的路总会比其他人员多。

1993年,赵华被调到水宁寺公路养护站任站长,负责S202线水宁寺至平昌界路段养护管理工作,他也从一名普通的养护工成长为一名公路养护一线"带头人"。当时他年龄尚小,站上全都是一些老职工,赵华心里明白,若要开展好工作,光靠嘴上说是不行的,说空话、讲大道理,大家肯定不会服气。于是他选择了一种特殊的"亮相"方式,那就是先干起来,让伙计们知道"站长"的真正含义。他知道,站长的最大职责,就是养好自己管辖范围内的路。在日复一日的共同"战斗"中,他总是冲在最前面,以实际行动履行了自己的职责,也拉近了与工友们的内心距离。在他的带领下,该站按时保质保量地完成养护任务,每月的考核名列前茅。

工友们不会忘记,那是1993年的夏天。一天晚上突遇暴雨,山洪暴发,水沟、涵洞被冲下山来的泥土、石头等严重堵塞,水在公路上恣肆奔腾,路基露骨,路上的养泥不见踪迹。看到这一幕,他们流下了伤心的泪水,因为这几公里路是他们全体人员在头一天刚刚养好的。但赵华并没有任何怨言,他第一个跳下水沟,工友们都紧跟其后,几个小伙子埋头在水下工作了两个多小时,终于搬掉堵塞的大石块,一个个黄泥满身。此时,在他们身上早已经分不清是汗水、泪水还是泥水。

2010年初夏,巴中遭遇特大暴雨,山洪如猛兽肆虐着大地,在水(宁寺)沙(嘴)段的公路上,他与同事出去防洪,刚刚疏通水沟,只听"轰隆"一声,距他们10多米远处,从山上垮塌了几十方坍方,造成公路路面全部堵塞。为了尽快抢通公路,他们冒着生命危险,一锹一铲,用手推车把淤泥推走,汗水迷糊了双眼,泥浆溅满了全身,通过几个小时的努力,终于开通了车道,保证了车辆的通行。而此刻,赵华远在平梁的家正遭受洪灾,屋后堡坎垮了,造成他家房屋部分损坏，父亲多次打电话催他回家排险，直到公路抢通，他才连夜赶回家中看望父母亲，第二天早上天一亮，他又回到了工作岗位。

埋头“勤钻研”，革新技术出成效

1994年，巴平路全部由泥碎路面改造成了沥青混凝土路面。对于一线养路工人来说，这是一次养护技术的变革。为了尽快提高油路养护技能，赵华带领同事在实践中加强新工艺、新方法、新技术的学习，率先在全段提出了“以路养路，变废为宝”和路肩整形的公路养护方法。铲出高路肩、连接口路面杂物和飞石，挖出长期淤在路边的片石、碎石，经分筛后再用于油路病害坑槽填补，并对路肩杂草进行了修剪，统一达到1.5米宽。通过这些方法，既改善了路容路貌，又暂时解决了资金、材料紧缺的困难，年均降低养护成本近万元，这一做法在巴州区养护管理段所有养护站得以推广。“以路养路，变废为宝”方法提出以后，赵华又通过不断的学习、摸索、钻研，积累经验，率先在水宁寺养护站实施预防性养护，以石屑封层、稀浆封层(微表封层)、裂缝填封、薄层罩面等措施，保持了路面良好的使用性能，延长了路面的使用寿命，减少了路面寿命周期成本，10多年来，共节约养护维修资金近20万元。

心系“出行难”，筹资修建幸福路

水宁寺镇三皇村至槐树垭村公路没有硬化前，路面质量很差，只要一下雨，根本无法通行，群众出行苦不堪言。赵华看在眼里、急在心里，他暗下决心，一定要帮山区群众打通一条村道公路。为了早日能实现这一愿望，赵华不辞劳苦地帮助联系筹资、立项等工作。通过各方努力，建设资金还差 2 万元，万事已备，只欠东风，怎么办？赵华比任何人都急。实在没办法，他想到了妻子准备在镇上租门市开百货摊，从娘家借了 2 万元钱，通过几天给妻子做工作，他死缠硬磨将 2 万元钱捐了出去。为这事两口子还大吵了一次，妻子埋怨他“从来没有关心过家庭，全想的是他修路的事”。为确保工程质量，赵华又主动当起了技术监督员，只要一有空，他就会跑去现场指导如何施工，如何铺片石、清水沟，往往是手把手地教，天天在工地上奔波的他，总是给人一种风风火火的印象。为了这条路，他就像一部永不停歇的“马达”，不知疲惫地高速旋转着。在护坡施工时，施工单位用人工浆砌片石进行施工，施工进度慢，并且施工中未留泄水孔，一遇洪水将无法承受排洪。赵华立即找来施工方负责人，通过了解市场人工和材料行情，建议采用片石混凝土护坡，按照他的建议，护坡形象和防护能力得到了全面提升。施工方经过核算，不仅护坡形象得到了好评，还节约经费近 2 万余元，老板高兴地说：“老赵，你真是我的财神爷呀。”当即拿出 2000 元的辛苦费硬往他手里塞，却被赵华婉言谢绝了。经过赵华和乡亲们的共同努力，一条长达 5 公里的村道公路全面打通了，乡亲们看着自家门前祖祖辈辈都没有修通的公路竟在今天开通，个个奔走相告。看着乡亲们幸福的笑脸，赵华却因劳累过度而住进了医院。

曾有人说，照赵华那个干法，铁人也得精疲力竭。赵华患有严重的肾结石，发作时钻心地疼痛。可他太忙了，拖了将近 1 年也没有时间去治疗。2017 年 3 月中旬，当他在养护一线工作时，突然间的剧痛让他昏了过去。大伙连忙把他送进医院，医生立即为他进行了手术。3 月 29 日，他带着尚未痊愈的身体又出现在了养护公路上，工友们自发地排成一队，用热烈的掌声欢迎自己的战友光荣归来。那一刻，这个钢铁一样的男人眼角湿润了……

宁静方能致远，平凡造就辉煌，作为一名共产党员，赵华时时处处发挥着党员的先锋模范作用，把满腔的热忱奉献给了自己钟爱的养护事业。他先后被评为巴中市“干线公路建设先进个人”、巴中市“五一”先进工作者、巴中市“最美交通人”“巴中好人”，连续 15 年被单位评为“先进生产工作者”，他所在的养护站多次被省、市、区交通主管部门评为“文明道班”“先进集体”和“双优道班”，他个人也多次被评为“优秀站长”。

这就是赵华，一个从事养护工作几十年如一日，视公路为第一生命的普通养护工人，在平凡的工作岗位上创造着不平凡的业绩。路容路貌洁净靓丽，路面平整舒适有度，边沟线型美观标准，是他辛勤劳动青春年华逝去的见证，他用岁月的痕迹，诠释着一名公路人的赤诚。

扫码收听本文音频

攻坚创新打造巴山科技路

桃园至巴中高速公路,是成都经巴中南江至陕西汉中高速公路的重要组成部分,也是四川北向出川的第三条高速公路通道,作为影响全线通车关键节点工程之一的石桥河特大桥,因此备受关注。

工程现场山高谷深,乡道及施工便道崎岖狭窄,材料运输时常受阻。大桥处河谷地带,山体陡峭,岩体破碎,作业极为困难。尽管如此,施工1年多以来,桃巴高速的建设者不断攻克一个又一个难题,如今石桥河特大桥即将合龙。

环保高效有诀窍　松动爆破显神通

开挖4.5万立方米,大型机械上不去,工期紧张,紧靠乡村路……站在石桥河特大桥12号桥墩下的桃巴3标项目总工于凤伍眉头紧锁。必须寻求一种安全高效的爆破方法,一次起爆成型;同时避免爆破对岩体产生新的爆破损伤带,爆破后的岩石松动而不飞散;还需有效地控制飞石、振动效应和冲击波,确保爆区周围环境安全。于凤伍带着桃巴3标的“技术宅”们,马上查阅相关权威资料,很快找到突破点。唯有松动爆破和深孔爆破具备这些特性,如果能合二为一,将有望完全解决上述问题。说干就干,项目人员随即分工:咨询专家、组织安排、参数计算、现场踏勘、资料收集……很快确定了采用加强深孔松动爆破施工的方案,并与专业爆破公司合作实施。

12 号桥墩所在山头无施工便道,炎热的 7 月,技术人员和工人披荆斩棘攀爬近 70 度的峭壁往返无数次。所有设备、材料都只能肩扛手提,仅运送炸药就持续了 1 星期。持续 1 个多月后,完成了所有钻孔装药布线等环节,最终成功起爆。

他山之石　可以攻玉

石桥河特大桥连续刚构双肢薄壁墩壁厚仅为 1.6 米,墩柱截面小、高度大,混凝土用量多。最让项目副总工顾荣华担忧的,是墩柱钢筋用量大、间距狭窄,施工振捣困难,难以保证混凝土的密实性,影响墩柱质量。

顾荣华已有丰富的自密实混凝土施工经验,此前他在参与的自密实挡墙施工施工技术研究工作中,曾做出重大贡献。“挡墙能用自密实混凝土,墩柱为什么不能用自密实混凝土呢?”想到这儿,他一拍脑袋,随即联系项目总工和试验室主任,对他的这一想法进行了深入探讨。在业内专家可行性分析论证后,试验室进行配比试验,现场开始做试验墩柱,很快一个“小尺寸”试验墩柱屹立于施工现场。试验墩按实际墩柱钢筋布置形式安装,采用自密实混凝土浇筑。拆模后顾荣华马上对墩柱质量进行各项检验,外观查看、回弹测试、取芯试验等各个环节均质量上乘。

在取得试验成功后,工程实体迅速开始施工,过程中无需振捣,靠自密实混凝土的高流动性、均匀性和稳定性特点,混凝土在自重作用下流动,并充满模板空间。通过自密实混凝土墩柱施工效率高、投入低,施工完成的桥梁墩柱质量好、颜值高。

设备改造微创新　测量攻坚新征程

随着工程推进,石桥河特大桥进全面进入挂篮悬浇施工。16

个“T构”同步施工,其他工点也丝毫不敢停歇。测量放样逐渐难以满足现场施工需要,如果没有测量放样,无法开展下一步施工,测量人员不堪重负,施工队伍也苦不堪言。此外,大桥位于狭长河谷,视野盲区大,放样干扰多,安全隐患大。眼看测量放样马上要影响工程进度,总工于风伍心急似火、如坐针毡。

这天,心事重重的于风伍到工地视察桥梁线形控制情况,突然他灵光一闪:矿山和隧道施工中可以用激光指向仪定位、指向,如果用它来控制桥梁轴线,势必缓解测量压力。这样一来,测量人员可专职负责高精度放样任务,现场技术人员使用激光指向仪控制桥梁轴线定位,并定期复测。想到这里,他立马安排技术部门参照井巷中激光指向仪定位工艺,制定可行性操作方案,测量部门进行现场试验,经过技术改造,激光指向仪成功应用到桥梁轴线控制上。

通过这一举措,石桥河特大桥施工放样投入减少14万元,劳动力投入降低,践行了企业创新的指导思想,同时该技术还荣获中国公路协会技术创新三等奖。

项目团队的工匠们精雕细琢,不走寻常路,采取颠覆性的技术攻坚,不断突破传统,将智慧嵌入这座地标性大桥。BIM技术应用、高墩悬臂模、精细化预应力施工……在矢志不渝的攻坚创新追求中,办法总比困难多。这种攻坚克难的干劲,来自于不畏困阻的公路铁军精神,大桥即将合龙,他们也整装待发,准备攀登新的高峰。

扫码收听本文音频

平昌起巨龙

交通是所有发展要素中基础的基础,关键的关键。古人说“路可观政,路可兴政”,交通的发展速度和质量,既决定着一个地方经济社会发展的总体水平,也直观体现了一方百姓生活的幸福指数。

交通人之殇

巴中市平昌县作为国家级贫困县,境内山峦叠嶂、沟壑纵横,区位劣势极其明显,落后的交通基础设施条件,严重阻碍和制约着县域经济社会发展。

2011 年底前,平昌交通面临的情况可谓是四面楚歌。交通之殇,交通之痛,平昌交通人至今记忆犹新。当时,除了部分乡村水泥路和省道平驷、平涵路可勉强通行外,全县没有一条沥青混凝土路,数百公里县道沥青表处路面全面垮塌,溃烂不堪,老百姓晴天一身灰,雨天一身泥,对此怨声载道;县城到一些乡镇,坐车经常要大半天。比如,到西兴的佛楼、到响滩的南风,一般都要 5 个小时以上;到最边远的喜神乡,车程不过 130 公里,晴天至少要颠簸 7—8 个小时,雨天则常常要 10 多个小时,若遇到道路垮塌、坍方等水毁,一断道就是 3—5 天,镇龙、笔山等 20 多个乡镇的老百姓,经常要绕道通江县城到平昌。每年“两会”期间,“两代表一委员”提得最多的,就是要求尽快解决群众“出行难”问题。平昌交通人看在眼里,急在心里,却束手无策。其一是交通部门当时负债高达20多个亿，一年到头上门要账的络绎不绝，交通人保平安保稳定都自顾不暇，根本没有任何能力和手段来推动这些道路建设；其二是缺乏项目支持。当时省厅每年下达的交通项目补助经费仅1个多亿，主要支持通乡、通村公路项目，县道公路改建没有任何资金来源。其三是全县财政收入每年仅5亿多元，保吃饭、保运转都成困难，更是不敢轻言启动实施大规模的交通基础建设。面对上述情况，交通人可以说是灰头土脸，行业形象、尊严和价值无从体现，内心经受着痛苦的煎熬。

打通“肠梗阻”

2012年，县委县政府科学决策，举全县之力，以壮士断腕的决心，背水一战，以县道老油路改建为突破口，掀起了全县新一轮交通大会战。交通人知耻后勇，鼓足一口气，憋足一身劲，统筹全系统干部职工力量，组成130多人的攻坚团队，上到局党委班子成员，下到普通技术工人，怀着慷慨情怀，扛着铺盖卷，吃住在工地，定点坚守、驻路攻坚，与民工同吃同住同劳动。短短8个月时间，就一举完成300公里破损县道老油路改建。整个工程投资达7.5亿元，当时没有任何项目支持，县委政府当年整合资金就达4个多亿。建设过程中，交通人勇于担当，主动作为，探索和总结了“双基双面”“双业主”“双检测”“四个五”等建设管理机制，有力地保证了建设质量和进度。通过实施县道老油路建设，既检验了交通人攻坚克难、敢打硬仗的作风，也锻炼了一支技术可靠、业务精良的专业管理队伍，更激励激发了交通人奋发有为、不甘落后的士气，极大地提升提振了交通行业形象。

构建“大交通”

“十二五”以来，全县交通建设总投资 173 亿元，新改建国省干道及农村公路 4600 公里，实施村道公路加宽改造 1100 公里，100%的乡镇和建制村通水泥（油）路，通组路硬化率达 72.6%，90%的村通客运，80%的村道路面宽度达到 4.5 米以上，并同步完善安防及标志标牌，90%的村与相邻村有 1 条以上互联互通的硬化公路。全县 43 个乡镇中，已有 38 个乡镇至少有 1 条四级以上沥青混凝土路连接，全县 7 个 AAAA 级景区中，每个景区至少有 3 条四级以上沥青混凝土路连接，公路总里程达到 6582 公里，初步形成“以国省干线为骨架、县乡公路为支撑、村组道路为网络，互连互通，内畅外快”的交通路网体系。在 2014—2017 年“环中国国际公路自行车赛”中，平昌赛段连续 4 年被评为“最美赛道”“皇后赛道”。2017 年成功创建为全国全省“四好农村路”示范县。

谱写新篇章

八年风雨兼程，八年沧桑巨变，平昌人民靠勤劳和智慧，用如椽的大笔书写了交通建设最壮丽的诗篇。

2017 年，按照巴中市委市政府第三轮交通大会战安排部署，围绕“加密、联网、升级”总体目标，平昌县已全面启动实施外向通道连接工程、区域干线升级工程、农村客运畅通工程、通组到户联网工程、管养效能提升工程、公共交通改善工程，即“六大工程”，着力构建“五纵五横六环”大交通框架体系。

2018 年，该县将续建和新建干线公路 23 条 309 公里，启动实施村组道路建设2200公里，其中，贫困村通组道路硬化413公里，边界、边远、边角“三边”村通组道路硬化872公里，村道公路及村道联网路加宽改造917公里，建设总投资90亿元，年度计划完成投资42亿元。全面完成贫困村通组路硬化和村道加宽，达到通客运条件。到2020年底前，实现“100%的国省干道升级改造、100%的乡镇通油路、100%的建制村道路硬化到组、100%的村道窄路加宽、100%的建制村通客运”这“五个100%”的目标。

扫码收听本文音频

人生在波峰浪尖闪耀

他拉过纤绳，撑过竹篙，炸过礁石，当过水手，坐过机关，最后成为地方海事局副局长。从18岁接替父亲岗位开始，40年来，不论从事什么工作、担任何种职务，他一直牢记真情为民、真心办事、真实做人的服务理念，以对党无限忠诚、对事业无私奉献、对群众无微不至关心的公仆情怀，尽心尽力、尽职尽责地工作，先后获得了国家、省、市多个先进工作者称号，成为全市海事系统学习的标杆，行动的楷模。他就是巴中市地方海事局副局长廖国名同志。

他是水上执法的"铁面人"

这些年，随着经济的发展，水上交通日益活跃。一些船舶为了追求利益最大化，往往置人民群众生命财产于不顾，出现无证驾驶、超载运输等违法违章行为。

面对这种状况，廖国名同志总是走到哪里，就把安全生产和法律法规知识讲到哪里，督促客渡船签单发航制度落实，督促救生衣佩戴两个100%……特别是在行政执法上，他执法如山，毫不留情面，大家称他为水上执法的"铁面人"。

2014年5月，廖国名带队到三江打击"三无"船舶。查到一艘钢质船，属无驾驶证、无营运许可证、无检验结果的"黑船"。船主四处托人说情，希望不要销毁这条价值数千元的船。廖国名反复宣传、说服，并表明坚决态度，必须依法办事，就地销毁。

船主的妻子是性格刚烈，且说得出、做得到的人，她见软的不行，就来硬的，说哪个敢砸船，她就马上死给哪个看。廖国名并没有被一个“死”字吓着，仍是耐心地做解释、宣传工作。她见廖国名态度坚决，没有丝毫的松动，于是横下一条心，趁人不备，转身一下子跳入河中。现场人员连忙施以救助，才没有闹出人命。

之后，廖国名继续晓之以理，动之以情，反复做工作，说“黑船”虽然眼前可以挣些钱，但一出事故，就会船毁人亡，不仅给船主造成损失，还会给社会造成危害。终于，船主明白了利害关系，同意销毁了这艘“三无”船舶。

这些年来，巴中共销毁了70多艘“三无”船舶，守法经营、诚信经营成为所有船员渡工的共同追求，巴中取得了连续12年无一起安全责任事故发生的好成绩。

他是抗洪抢险的“急先锋”

近年来，巴中遭受5次特大洪灾，沿河城市、乡镇连年损失惨重，汛期安全责任重于泰山。

2011年6月26日清晨5点，天降暴雨。廖国名连忙起床，编好《汛期水情警告》，发给每一名船主：“6月26日凌晨5点30分，降雨范围、强度、量级，洪峰水位、淹没区域等将突破历史。请各船主加强值班，注意船舶航行、停泊安全。”

发完信息，廖国名仍不放心，又到各渡口码头去巡视。当他来到三江镇时，见码头上聚集着一片黑压压的人群，原来是由于河水上涨，赶场的群众回不了家，情绪十分激动。廖国名立即和其他同事进行现场分组，一人跟一艘船，一船一船送群众回家，直到傍晚，才把老百姓安全送到对岸。

2012 年 9 月 1 日,连续 3 天的暴雨令巴河水位猛涨。当日 19 时,海事局接到报警,铁佛镇境内黄嘴头沙石场一艘大型采砂船和 11 艘驳船被大水冲走,船上有 6 名工人急需救援。廖国名一边安排通江组织两艘救援艇实施救援,一边通知下游 20 公里外的平昌县双滩水电站实施紧急关闸,并亲自赶赴事发水域。

此时,天色早已黑尽,狂风暴雨没有丝毫停歇的意思,通江河波翻浪涌,河水在山谷中发出骇人的怒吼。10 多艘船都没有动力,如果在大浪中自由漂浮,极有可能发生倾覆。他们一路沿河追赶,至腊溪口时,才发现采砂船庞大的身躯在洪水中漫无目的地漂流,10 多只驳船连在一起,跌跌撞撞地前行。他立即登上了救援船,现场指挥。在一片较为开阔且水流缓慢的水域,两艘救援船快速超越,然后调转船头,对目标形成夹击之势。经过半个小时的努力,采砂船终于被逼停,乖乖地被"推"向岸边。

像这样的例子不胜枚举,据说,这些年他每年都要亲自参加几次大型抗洪抢险。

他是船员渡工的"贴心人"

"只有你把群众当亲人,群众才会把你当亲人。"廖国名是这样说的,也是这位做的。

这些年,他经常深入一线,与船员渡工零距离接触,不仅了解他们的工作情况,更了解他们的生活情况。哪家有病人需要照顾,哪家有生活有困难,哪家有学生开学需用钱,他都清楚,能鼓励则鼓励,能帮助则帮助。

巴州区化成水库船员赵克富的妻子身患肾病,只能休养不能做事,家庭十分贫寒。廖国名得知情况后,主动结对帮扶,一次又一次来到赵克富家，送钱送物，并积极帮他出点子，教他如何经营好船舶，如何搞好家庭副业，使这位面对狂风暴雨、惊涛骇浪从无畏惧的摆渡人感动得泪流满面。

就是这样的人文关怀，使赵克富与海事局的同志们结下了深厚交情。每次听说市海事人员前来检查，他都要提早开船到码头来接送。

一滴水可以闪现太阳的光辉。廖国名同志这一件件看似平凡的先进事迹，却深刻诠释了巴中海事人爱岗敬业、顽强拼搏、创新创造、苦干实干的职业道德，生动展示了巴中海事人心系群众、服务人民、勤勉务实、无私奉献的社会形象。

扫码收听本文音频

甘做小小铺路石　添光藏区幸福路

雷开云，男，1972年12月出生，汉族，重庆交通大学学士学位、高级工程师。1995年8月参加工作，历任四川川交有限责任公司（原四川路桥总公司二公司）技术员、项目技术负责人，四川路桥集团公路工程分公司施工处长、项目副经理、项目经理及公司总工办副主任，四川雅西高速公路有限责任公司业主代表、工程部副经理、汉源代表处处长。2014年5月调任四川雅康高速公路有限责任公司雅安代表处处长。2015年5月当选为雅安代表处党支部书记。

他貌不出众，语不惊人，甘于寂寞，乐于奉献，以二十年如一日的辛勤劳动和敢为人先的拼搏精神，谱写了他勇于奉献、敢于吃苦、爱岗敬业的可歌可泣的故事。由于长年处于工地现场，特别是到雅康公司后，没日没夜地出没于工地，风里去雨里来，让他皮肤更显黝黑，从此落下了个“黑娃”的昵称。他的工作业绩也赢得了业内同行的极高赞誉和各级领导的充分肯定。

雅安代表处所辖38公里、造价22个亿，其中草坝至对岩段17公里列入芦山“4·20”地震灾后重建，上级要求2016年7月20日实现贯通，施工工期仅仅21个月，要完成通常36个月工期的工程量。仅这17公里还要拆迁房屋368座、管线104公里、企业7家，征拆与地方协调工作量难度前所未有。要完成这艰巨的任务，困难和压力不言而喻。

舍小家,顾大家,做爱岗敬业的楷模

“勇为人先,追求卓越”是雅康人的信念。项目开工伊始,雷开云带领的雅安代表处团队,就在与时间赛跑。他要求代表处和各参建单位按新常态加快建设,用“同步安排,并联推进,交叉作业,无缝衔接”的方式推进各项建设工作。他发扬“战天斗地”的精神,与雅安恶劣的天气过招,与雨城区复杂的地方建设环境斡旋。雷开云同志经常对公司和代表处的同志们说:“我们必须做到干一行爱一行,要有认真负责的态度,要有很强的事业心和敬业精神。”

为实现加快建设,代表处的时间表没有星期天,没有节假日,只有“5+2”“白加黑”。“全天候上班,24 小时服务”是雅安代表处对参建单位的庄严承诺。他认真安排代表处的每一天的工作,做好每一件事,用好每一个人。他舍小家,顾大家,放弃了无数次节假日与家人团聚的机会,从爱人嘴边常挂的“这个家就是你雷开云的旅馆”的口头禅,从不理解到默默支持,无不体现雷开云同志内心的酸楚和愧疚。

项目开工以来,他几乎天天泡在工地上,深入工地一线,了解情况,主动给施工及监理单位出主意、想办法,反复与地方有关部门就征地拆迁与综合协调方面进行沟通协调,及时解决建材短缺、施工组织不科学及拆迁难等问题。

2017 年 9 月下旬的一个周末,雷开云岳父因癌症复发住院,爱人也得了重感冒。他正陪爱人去看门诊,突然接到 C7 标邹经理打来电话称:“雅安飞仙关隧道涌水了,隧道变成了河流。”雷开云接到电话后心急如焚,立即与设计代表商量对工地进行应急安排。咳嗽不已的爱人看着雷开云的心已飞到了工地，一边咳嗽一边说："工地有急事，你还是快去吧。"此时的雷开云心里惭愧难当，强忍泪水，匆匆向岳父和妻子道别，毅然转身，迈着不听使唤的脚步奔向工地，奔向那属于筑路人的战场。

2016年春节前夕，各种事务接踵而至，他既要迎接各级检查，又要落实春节连续施工相关事宜，还要督促农民工工资兑现。雷开云连续几天都是晚间两三点才能休息，异常疲惫。周末一踏进家门，就倒在沙发睡着了，不知详情的爱人回家看到雷开云在沙发上睡觉，便气不打一处地吼道："你把家当宾馆嗦，家里大事小事，你管过多少，一回来就睡。"此时的雷开云又一次反省自己，这几年也的确苦了爱人，她在广汉上班，儿子又在成都走读高中，岳父身患癌症。自己对家里除了工资由老婆掌管外，没尽到做女婿、做丈夫、做父亲的责任，爱人的抱怨情有可原，只好用好言相抚，哄妻子开心。

工程管理、征拆与建设环境协调，是代表处的工作职责，加班加点工作是常态。榜样的力量是无穷的，在雷开云带领下，这种舍小家为大家的爱岗敬业故事不胜枚举。

付出不求回报，努力方显成效，人心齐，泰山移。2015年雅安代表处完成投资12.7亿元，超额完成公司下达的各项目标。

创精品，重质量，做工程建设的尖兵

雷开云同志把铺路架桥当做是造福子孙后代的百年大计，他视工程质量为工程建设的"灵魂"。在建设过程中，雷开云同志认真推行施工标准化和质量管理精细化，以创精品工程的意识，坚持执行施工的各项标准和程序，狠抓工程质量管理，从开工至今，雅安段工程质量始终处于良好受控状态。

他落实公司的质量管理目标,建立健全了雅安代表处的质量管理体系,完善了现场质量巡查制度,落实了各项质量保证措施,增强了质量责任意识和创优意识,为确保工程建设质量奠定了基础。

他积极推动"首建工程",通过树立典型、样板工程,以点带面,辐射带动全线工程质量的稳步提高。他多次邀请桥梁、隧道、爆破、路基专家深入工地,通过召开专家会,解决技术、质量及施工安全问题,大大提高项目质量管理水平。他坚持身体力行,切实解决三背回填、桥头跳车、斜坡路堤纵向开裂等各类质量通病。他先后多次带领技术人员对路基、隧道、桥梁工程的实体质量与外观质量进行检查和检测。发现有质量达不到要求的,立即组织返工,确保工程质量达到创精品工程要求。

抓安全,保稳定,做安全文明施工的带头人

作为雅安代表处安全生产第一责任人,他首先牢固树立"安全责任重于泰山"理念,坚持把安全生产放在先于一切、高于一切的位置常抓不懈。开工至今,雅安代表处实现了安全责任事故为零的目标。

他以 20 年的工程建设经验,深刻认识到,安全生产及文明施工关键是抓落实,认真践行"安全管理无小事"的理念。他身体力行,安全工作实行层层落实、责任到人。一是从代表处到施工、监理单位均建立了较完善的安全生产管理体系,按合同到位足够安全员,各项目经理部副经理专职负责安全生产工作。二是层层签订了安全生产目标责任书,将安全措施与工程建设同时计划、同

时实施、同时检查。三是狠抓安全生产宣传教育培训工作和安全技术交底工作。四是严格贯彻、落实公司制定的《安全生产实施细则》等规章制度。五是督促各施工单位加大安全、文明施工投入。六是保证各类安全检查整改、闭合落实,明确奖惩,迅速消除了安全隐患。

勤学习,强素质,做学以致用解疑难的标杆

为了使自己能在思想和工作上适应新形势的要求,他始终把学习摆在重要位置,勤学苦思,从不懈怠,切实做到了集中学与自学相结合、理论与实际相结合。一是充分利用电视、网络、集中学习等形式,深入贯彻学习党建理论知识,躬身践行“三严三实”;二是利用业余时间认真学习规范、标准等业务知识;三是利用一切机会向经验丰富的专家、工人师傅学习专业技术、管理知识及实践经验,不断总结和提高业务水平。四是学用结合解疑难。C3 标青衣江大桥 28 号墩位于砂石场料台边缘斜坡上,最初的方案是对沙石料场料台进行拆迁。他通过增设 20.0 米挡墙分次填方,分批施工桩基的方案,避免对沙石场的部分搬迁和停产损失,加快控制性工程施工 63 天;C3 标 3-30.0 米龙溪沟中桥 2 号桥墩与雅鱼专业养殖户直径 800 毫米循环进水管交叉,他通过桥梁孔跨整体移位 2.5 米,解决了雅鱼专业户养殖水管迁改的难题,节约了造价,避免了养殖户的损失,获得了施工单位和养殖专业户的称赞。C7 标荥经河大桥 2 号桥墩位于直径 200 毫米的天然气管处,天然气公司要价 500 万元。他通过将 4-30.0 米桥跨变更成 3-40.0 桥跨,做到迁改零费用,且实现加快建设的目标。一年多来,他秉承科技兴路,节约投资,实现加快建设理念,利用所学知识,

反复琢磨、优化方案，节约投资约350万元。

轻名利，拒腐蚀，做清正廉洁的模范

他工作充满热情，却十分淡泊名利。作为管理20多亿的代表处长，其手中多少有一点点权力，但始终牢记自己是一名共产党员，始终以国家和人民利益为重，坚决抵制腐朽思想的侵蚀，清正廉洁、克己奉公、为人谦逊、严格管理，作风正派。

他在工作中坚决服从领导安排，工作任劳任怨，从不计较个人得失，讲团结，与人为善，宽以待人，关心集体，严格遵守和执行民主集中制原则和制度，始终坚持“主动汇报、勇于担当”。

清正廉洁：一是自觉加强廉政学习，提高廉洁意识，注重自我预防。二是严格以身作则，处处防微杜渐。他时刻用“自重、自省、自警、自励”要求自己，在工作和生活中做到了廉洁奉公，忠于职守，没有利用职权和职务上的影响谋取不正当利益，没有利用职权和职务上的影响为亲友及身边工作人员谋取利益。三是在工程建设中，带头保持和发扬艰苦奋斗的优良传统，坚持吃苦在前、享受在后。四是树立了正确的权力观、利益观，正确行使权力。作为一名党员干部，做到了正确对待和行使手中的权力，用责任心看待和运用权力，时刻用先进典型教育和激励自己，并用反面典型警示自己和身边的同事。

2015年中秋节前的一天，施工单位一位负责人到雷开云办公室谈完工作，将一个沉甸甸的信封放在他办公桌上，说是感谢工作上的帮助与支持。雷开云严正拒绝了，并对那位项目负责人说：“为各参建单位热情服务是我的工作职责，你只要把工程干好、干快，就是对我们业主最大的支持。”用雷开云的话说：“我不能做愧对组织的培养和愧对家人的事。”他没有豪言壮语，也没有更多的表白，却以自己的实际行动，忠实践行了入党誓言，更以朴实的工作作风、优异的工作业绩、克己奉公的品格，赢得了领导的肯定和群众的认同，在群众心中树立了新时期共产党人的光辉形象。

雷开云常说，如果说我在工作中取得了一点成绩，那也是昨天的事。今天一觉醒来，我们又得重新踏上新的征程，我永远没有骄傲的本钱，仍将继续戒骄戒躁，积极应对新的挑战，认真、踏实做好每一件事。我甘做小小铺路石，添光藏区幸福路。

扫码收听本文音频

高原“雄鹰”　“天路”使者

“黄董事长好！”

“你好！”

“黄董，您又来啦?！”

“哎，辛苦你们了！”

在乍暖还寒的三月，他踩着积雪，踏过泥泞的施工便道，又一次来到了二郎山下的工地上，熟悉他的工人们都热情地招呼着，他也亲切地与工人们交流。

他，就是被人们誉为高原“雄鹰”“天路”使者的雅康高速公路公司党支部书记、董事长黄兵。

受命临危时，“雄鹰”展翅飞

2013年初，全长191公里的成德南高速公路全线建成通车。看着车水马龙的高速公路，时任成德南公司总经理的黄兵长长舒了一口气，摸爬滚打了1000多个日日夜夜，如今，高速公路建成通车了，喜悦和成就感油然而生！然而，还没从紧张和繁忙中缓过气来，黄兵突然接到集团公司通知，调任藏区高速公路公司，负责雅安至康定高速公路的项目建设管理。

黄兵二话没说，再一次从成都平原转战川西高原，在二郎山下扎了根。与高原结下了不解之缘的他，犹如雄鹰展翅，在康藏高原上高飞。

2014年4月20日，“4·20”雅安强烈地震一周年之际，在拟建的雅康高速公路飞仙关隧道出口处，时任四川省省委书记王东明宣布通往甘孜藏区首条高速公路——雅康高速公路正式开工。

雅康高速公路是国家高速公路网雅安至叶城连接线的重要组成部分，它不仅是内地进入藏区、辐射带动藏区经济发展的大动脉、民族团结大走廊，也是穿越芦山、康定地震灾区的生命大通道，它还是祖国的大西南和大西北一线相连，是造福藏区人民的“天路”。

雅康高速公路全长 135 公里，从海拔 580 米的雅安草坝雅乐高速公路连接处开始一路跃升，先后跨越青衣江、大渡河，穿越二郎山，抵达海拔近 2560 米的康定城。雅康高速公路具有高山、高原、高速，地形条件极其复杂、地质条件极其复杂、气候条件极其恶劣、工程施工极其困难、生态环境极其脆弱的“三高、五极”的特点，桥隧比高达 82%，是目前国内在建高速公路中桥隧比最高、施工难度最大的项目之一。

这是机遇，更是挑战！黄兵深知肩上的使命和担当。他走马上任，第一次与公司员工见面，就满怀激情地说：“作为交通人，特别是学道桥专业的交通人，一生之中能参与建设这样的公路，可遇而不可求。我们要把这条路视为我们的儿女，当成我们的作品，细心呵护，精心描绘！让雅康高速公路变成一条圣洁的哈达，向川西高原的藏汉群众交出一份满意的答卷！”

1990 年 7 月，黄兵从重庆交通大学毕业后，就与公路建设结缘。他先后参与郎川等级公路和成渝、成绵、成都绕城等高速公路的规划设计和建设，在交通界有“筑路先锋”“拼命三郎”的雅号。如今，他又义无反顾地率领筑路大军，打响了雅康高速公路的攻坚战。

在黄兵一班人的强力推进下,雅康高速公路三个管理处所辖的参建单位相继进场,至 2014 年 9 月,雅康高速公路全线标段如期全面开始施工。在随后两年多的时间里,雅康高速公路建设克服重重困难,始终高速向前推进。

在高速推进的过程中,饱含着以黄兵为班长的雅康人的心血。

“我们的工作地点不是在办公室里,而是在工地上。”作为雅康公司的当家人,这是黄兵上任后对大家常说的一句话。他特地给公司员工每人配备了一个工具包,里面装的是卷尺、图纸。而他自己的工具包中,还多了一副望远镜。

在工作中,黄兵带领全体雅康人紧紧围绕藏区高速公司确定的“建精品工程、获国家大奖,做金牌业主、带职业队伍”的建设目标,坚持“有为才有位、凡事重落实”的工作理念,发扬“同心协力,拼搏奉献,勇为人先,追求卓越”的团队精神,最终实现“建一条天路,带一流队伍,创一流业绩”的目标!

从到雅康公司的第一天,黄兵就以路为家,以办公室为家,风里来雨里去,风餐露宿、披星戴月。由于雅康高速公路的路线穿行在高山峡谷之间,施工场地狭窄,加之芦山、康定地震后地质次生灾害频发,公路改造、灾后重建建筑材料运输繁忙,使得国道 318 经常堵车,有时一堵就是半天、一天,黄兵已记不清堵在路上过夜有多少次,但这依然挡不住他迈向工地的脚步。

2014 年 11 月 22 日傍晚,黄兵从二郎山检查工地归来的途中,在距天全县城约 16 公里的脚基坪村,因山体突然垮塌,公路中断,他们被堵在国道 318 公路上。为了不影响第二天的工作安排,他带领参与工地检查的工程技术人员摸黑赶路。他们用手机当照明工具，在微弱的灯光中，高一脚低一脚，小心翼翼地走了4个多小时，到达天全县城已是晚上11时许。

此时，他们又累又饿，早已筋疲力尽了。当他们一身泥浆还来不及清洗之时，突然感到地动山摇起来，康定又发生地震了！当天下午4时许，康定就发生过一次地震，余震再次袭来，黄兵拖着疲惫的身体电话通知各管理处，要求他们立即组织各标段排查有无人员伤亡，摸清工程受损情况，同时组织人员、机具服从地方政府统一指挥，积极参与道路抢通保畅工作，不能让康定成为"孤岛"。

事后，黄兵以堵车为例，在大小会议上不断要求雅康人与藏族同胞同呼吸共命运，急他们所急，想他们所想，尽快修通雅康高速公路，让藏族同胞永远告别堵车之困！

有了"前车之鉴"，从此以后，黄兵的工具包换成了一个大号包，除了卷尺、图纸外，又多了雨衣、雨靴和电筒，遇上堵车，他不当"山大王"，更不会"困守车中"，而是走小路、抄近道，往返于办公室和工地之间。

作为高级工程师，在专业上，黄兵有着骄傲的科研成果；在管理上，黄兵始终把自己定位"菜鸟"。从一个专家型人才成长为专家、管理复合型人才，黄兵是一位学习型典范。他经常对公司员工提出"不能放松学习"的要求。他是这样说的，也是这样做的。在他的办公桌上，总是摆放着高高的工程图纸和厚厚的工程规范和合同，同事们开玩笑说：董事长办公室成了公司的档案室转移站了，总是不断从这里把图纸搬进档案室，又从档案室搬来新的图纸。下班后的傍晚，总能在他办公室见到两三个年轻工程技术人员，在灯下和他一起研究图纸，不时传出他和同事有关技术问题的讨论声。一些参与讨论的年轻人说:在高速公路建设上的一些技术问题,董事长管得细,要求严,实际是在帮助我们!黄兵常说:"干一个项目,我们不仅要保证工程质量优良,更要培养一批优秀的专业人才。"

精准细微处,"大国工匠"心

经过两年多的紧张施工,黄兵倡导的"精细高效"的管理效能日益凸显,一个个困难被雅康人踩在脚下,一座座高架桥矗立在山谷间,一段段公路在云雾中穿越,雅康高速公路的雏形渐渐形成。

经过19个月的奋战,2016年7月8日,随着雅康高速公路青衣江、坎坡坝特大桥,周公山特长隧道贯通,提前实现了省委省政府、雅安市委市政府确定的雅康高速公路草坝至对岩段(全长17公里)在"7·20"("4·20"雅安地震灾后重建三周年)前贯通的目标。

雅康高速公路的"三高、五极",不仅令世人关注,举世瞩目,更是让专家聚焦。从公路设计到施工,中国工程院院士郑皆连等人多次到这里考察调研,对董事长黄兵长期坚守在工地第一线、把问题解决在工地的做法十分赞赏。黄兵针对设计上不尽合理之处提出的改进意见,也得到了院士和有关专家的肯定。

在项目管理上,黄兵倡导建立并持续巩固"执行合同,规范行为,精细管理,强化控制"的工作机制,一把尺子量到底,凡事对事不对人,始终把质量安全工作挺在前面,亲临一线狠抓标准化建设、规范化施工,鼓励各参建单位创新施工工艺和工法,力推实行样板首件工程推广制,以此保证工程质量安全源头、过程受控,为确保工程内实外美打下了坚实的基础。已完工的桥梁护栏和桥面铺装效果，获得了交通运输部安全与质量监督管理司巡视员、2016 年公路建设质量与安全综合督查组组长黄勇，四川省人民政府副省长杨洪波充分肯定和高度赞扬。

他还积极推动“互联网+”信息技术在项目工程管理领域的应用，任何人、任何时候要想了解雅康高速公路项目概况、各控制性工程及其重要结构物的相关信息，只需用手机扫一扫专门设置的二维码图案，所有信息均被“一网打尽”。在公司内部管理上，他要求“认真用好每一个人，认真用好每一天，认真做好每一件事”，“推行一岗多责”，牢固树立“细节决定成败、精细决定品质”的理念，形成“管理精细化到实施精细化再到工程精细化”的管理链。

2016 年 10 月下旬，中国工程院院士郑皆连、陈政清、王景全等到雅康高速二郎山隧道、大渡河特大桥调研考察。三位院士和专家组一行对项目建设管理和工程建设成效给予了充分肯定。在他们看来，川藏高速公路的首段工程雅康段在短短的 100 多公里的路段内，不仅穿越了地质条件十分复杂的高山大川，还跃升了近 2000 米，为川藏高速公路的建设奠定了良好基础。“建设意义重大，在中国高速公路建设史上，具有里程碑意义，建设难度堪比攀登珠穆朗玛峰。”在工地上，他们多次拉着黄兵的手，连声说：“不容易！你们攻坚克难、拼搏奉献值得全社会敬佩！”

雅康高速公路在专家的眼里有着“大国工程”的雅号，黄兵等一大批“天路使者”堪称“大国工匠”。“凡事预则立，不预则废”，当雅康高速公司总工程量已完成 50%以上时，黄兵又在思考着下一步的工作，他创造性地归纳总结并提出了雅康高速公路建设的“通、好、美、廉”目标——即确保雅康高速公路如期竣工通车，改写甘孜境内无高速公路的历史；确保项目工程质量优质、施工安全,达到优质工程、精品工程,获国家大奖;确保证项目工程内实外美,体现公路文化,展示藏汉走廊、茶马古道、长征之路神韵;传承“两路”精神、建设绿色公路;确保队伍廉洁,筑牢廉洁防线,努力实现“工程优良、干部优秀”的目标。

梦寄千里情,热血铸丰碑

黄兵工作激情洋溢,在生活中也十分注重亲情。然而忠孝自古难两全,奉献的背后是对亲人的愧疚。一次次“应该”的事情,都被遗憾所代替。

在黄兵幼年时,母亲因病离开了他们,他和患糖尿病、高血压的父亲及年少的姐姐相依为命。参加工作后,每月 70 元的工资多数交由姐姐给父亲治病。为了节省成都至雅安单程 4.2 元的班车票钱,黄兵心里总是计算着雅安交通局来省交通厅送报表的时间,因为这样他就可以搭顺风车回去看望父亲了。那时,成雅高速公路尚未建设,交通十分不便,成都雅安往返一趟,需要两天的时间,为了病床上的父亲和孤立待援的姐姐,他加班加点,周末帮同事代班,积攒着与父亲团聚的假期。然而,就在他奋战在成渝、成绵高速公路建设现场期间,病魔无情的夺去父亲的生命!子欲孝而亲不在,他把悲伤压在心底,忘我工作。婚后,他把岳父岳母视为自己的亲生父母。2013 年,岳母突患重病,而当时雅康高速公路全面开工,工作千头万绪,他整天奔波工地上,一天有 48 个小时也不够用,根本没有更多时间照顾亲人。岳母弥留之际,他还在工地上奔波。当他拖着疲倦的身体连夜赶到医院时,岳母已闭上了双眼。

那一刻,他肝肠寸断,心如刀绞!送走亲人,黄兵又一头扎进工地……

他从小就与公路结缘，说起雅安，提起川藏公路，他并不陌生。他的父亲是四川彭州人，在四川运输公司第十四汽车队从事长途运输。生在彭州、长在雅安的黄兵，从小就从父辈口中知道川藏公路的艰险。那时，一颗小小的种子就在心底里发芽：长大后修一条平坦的公路到康藏！

高考填报志愿，少年的梦想，让黄兵毫不犹豫地选择了重庆交通学院。1990 年 9 月，大学毕业后分配到四川省重点公路建设指挥部设计处，担任技术员，参与了四川省首条高速公路——成渝高速公路的设计和建设，从此，他的事业与人生，便与公路紧紧地联系在了一起。

作为一个共产党员，黄兵始终牢记宗旨，不忘初心。翻开他学习习近平总书记在十八届六中全会的讲话笔记，一个优秀交投人的情怀跃然纸上："习总书记在纪念红军长征胜利 80 周年时讲过一句话：'每一代人都有自己的长征路，心中有信仰，脚下有力量。'而我的长征路就在高速公路建设工地上。"

这，就是一个平凡而朴实的筑路人的梦想！

当清晨的第一缕晨曦撒在大渡河畔，当云雾在高山流淌时，黄兵的身影又出现在雅康高速公路建设的工地上……

扫码收听本文音频

老干部的“贴心袄”

在绵阳市交通运输局公管处离退科，有这样一个瘦小精干又活力四耀的中年男子汉，他的名字叫张绍明。他 46 岁，中共党员，本科文化毕业，经济师职称、汽车驾驶技师职称。自 2003 年 4 月至今从事老干部服务管理工作 13 余年，兼任着老干部服务车驾驶工作，他被单位离退休老干部们称为：我们的 110，我们的贴心袄。

张绍明同志是一个政治立场坚定，坚决执行党的路线方针政策，主动践行社会主义核心价值观的好党员。撰写有《论领导干部应戒心浮气躁急功近利工作作风》《为民务实清廉谱写中国梦(绵阳新篇章)》，他结合单位开展的“内强素质、外树形象”活动和“转变观念、强化管理、务实行动”活动的契机，深入反思工作不足，不断改进工作作风，努力提高自我政治、业务素质，及时将党的重大政策、决策通过离退休支部委员会或扩大会宣传通报老干部学习。

张绍明热心为老干部服务。严谨细致，踏实认真，是他的工作特点。在老干部工作中，实实在在地为老干部办实事、办好事，认认真真地落实好老干部的政治、生活待遇。他严格履行科室和岗位职责，坚持上月必须做好下月经费发放的各项准备工作，每月及时发放老干部的生活费、津补贴等各种费用，从无拖延，深受老干部们的欢迎。他按规定积极为老干部订阅各种政治学习资料，先后订阅了《中国老年报》《绵阳日报》《晚霞报》《老年实用手册》、十八大以来党中央各类纲领性文件及国家领导人重要讲话材料。按老干部集中阅读文件制度,每月按时组织老干部集中阅读上级和本单位的各种文件和重要学习资料。在老干部会议前做大量资料准备,及时通报工作情况,征求老干部的意见和建议。组织老干部参观科技城建设,参观考察绵广高速公路的建设情况,参观安县农村公路建设发展。组织老干部进行身体健康检查,参加保健知识讲座。经常走访慰问老干部,随时了解掌握他们的思想、生活情况。尊重他们的意愿,积极与有关部门协调配合,尽可能地满足他们的愿望和要求。对生病住院的老干部,坚持多次看望,随时服务,尽心尽力地帮助解决各种具体困难,直至病愈出院。

张绍明同志不仅对老干部热情周到,即使对一般的普通退休职工,甚至对职工遗属也是一样的尽心尽力。2013 年 4 月,退休干部陈光焕同志,由于脑溢血造成全身瘫痪,生活不能自理,长期住院治疗,造成了全家生活上的很多困难。张绍明多次登门看望、慰问,深入了解陈光焕家庭状况,积极向单位领导反映,为其争取适当的困难补助,解决他们家庭面对的具体问题。孤寡遗属周明英,因其文化低,年纪大,多次到办公室提出无理要求,既不讲道理也不听劝告。在这种情况下,他以极大的耐心三番五次对其进行解释,说服劝导,一遍一遍地宣传讲解国家有关政策规定,终于使其明白了道理,消除了不满情绪,化解了矛盾。退休干部邓世杰(现已去世),因患有高血压、心脏病等疾病,由于家庭及本人性格急躁等诸多原因久治不愈,病情时常复发,经常住院急救,不但使自己产生了很大的精神压力,而且也给子女带来了一定的经济困难。张绍明同志把他列为重点对象,哪怕手中的工作再忙、再紧，也一定抽出时间到医院去看望，耐心劝导，关心体贴，经常为他出主意、想办法，尽力消除他的思想负担，使他很受感动。以至他在世前总是感慨地说：“谢谢组织的关心，谢谢你的帮助。”此类故事发生在他身上的还有很多很多……

公路体制改革后，公路管理处的离退休职工人数增多，由管理处机关110余名增加到管理公路系统的619名离退休人员，人员结构复杂，给离退休职工和老干部管理带来了许多新情况、新问题，传统的管理方式已不能完全适应现实的需要。张绍明同志以创新的精神提出了许多新的工作方法，提出以离退休支部为宣传沟通平台，采取召开定期、不定期支委会议或扩大会，及时向老干部传达或通报上级有关老干部政治和经济待遇政策，他还经常抽工作空余时间深入老干部家里做工作，经常性的到老干部和离退休职工逐家逐户登门拜访，与老干部亲切交谈，全面了解他们的思想反映、健康状况、生活需求以及家庭子女等各方面的情况，及时解答他们提出的具体问题，同时，征求他们对离退休工作的意见和建议，与他们共同探讨如何做好离退休工作。实践证明，这种面对面的交谈，心对心的沟通，深受老干部们的欢迎。为了使老干部工作更有针对性，他还对每位离退休人员的个人情况进行详细登记并分别制作管理卡片，还贴上离退休人员的本人照片。他用这种方式，全方位掌握了老干部和退休人员的情况，随时做到心中有数。为了方便老同志办事，他把离退休工作科全体人员的办公电话、住宅电话以及手机号码等全部登记制作卡片打印出来发给每位离退休职工，并向老干部公开承诺，如有重大事情，他保证24小时随叫随到。保证了离退休老干部全体24小时与离退休工作科全体人员的畅通联系，使老干部们随时感到领导和工作人员在他们身边，随时感到组织的温暖，他被老干部们戏称为“我们的110，我们的贴心袄”。为了加强党组织与群众的联系，他还建设性提出了在离退休党支部的工作中，按照住地就近的原则，把非党员离退休职工分别划分到各党小组，提出各党小组随时与非党员干部职工加强联系，随时了解掌握他们的思想、生活、身体健康情况，及时向党支部反馈有关信息。这样把党员的组织管理与非党员离退休职工的管理紧密结合起来，增加了对老干部和离退休职工服务管理的层次，加强了管理的力度，多年来没有发生一例群访事件。

张绍明同志13年以来的老干部工作经验的总结整理，为公路管理处离退休工作科对离退休干部服务管理提供了详实可行的理论和实践基础。他于2015年9月获市委组织部市委老干部局表彰为“全市老干部工作先进工作者”。张绍明经常说：老干部们都是我的长辈，他们为交通公路建设和绵阳的发展战斗了一辈子，为党和人民的事业奉献了一辈子，保障他们安享天伦之乐就是我工作的精神源泉。

张绍明就是这样一个始终为服务老干部们而忙碌着的平凡普通的老干部工作者，始终用平凡的事迹传承着长征精神。

扫码收听本文音频

枝繁叶茂"汪公路"

在马边彝族自治县,"汪公路"作为官员廉政爱民的典范故事至今为人津津乐道,昔日"汪公路"随着历史的变迁,如今已四通八达,成为担负脱贫攻坚重任的干线公路。

相传,明朝万历年间(1589年),雷波杨九乍,黄螂安兴、腻乃(今美姑一带),撒假3个彝族地方首领对赖因(今马边城)、荣丁、烟峰等处进行掠夺骚扰,被明朝廷平定。明廷遂"增设马湖府安边厅,城赖因乡,御名新乡镇",并派四品官员汪京(字佳山,湖北襄阳人,系文学家汪道昆的得意门生,中进士后任夔州别驾、兴安州知州。1589年随徐元太平定地方叛乱,是徐的主要谋士,生卒年不详)担任安边厅同知,从此马边隶属马湖府安边厅,相当于县级政权,随着新乡镇和烟峰两地建城,又建军事组织"马边营",列兵五千,设守备。

汪京任期,为了更好地加强对马边地区的开发和管理,他采取了建厅城,兴教育,修城堡,筑险道等四条措施,其中一条就是筑险道:修筑马湖府(今屏山)——马边长达350华里的叙马驿道(石板路),路宽1米。此路从屏山出发沿金沙江而上,到达新市镇;再从新市镇沿中都河而上到达野猫溪,经荞坝、石丈空、靛蓝坝、翻过烟遮山抵马边城。该路于1592年6月动工,9月即完成。此路除国库出资外,汪京还带头捐俸并募化银两,大大调动了本地富商和群众捐款修路的积极性,迅速落实了建设资金。

曾经的天然要塞,被汪京大刀阔斧,削山凿壁,点石成金。血雨腥风的古战场,从此化腐朽为神奇,成为了一条通衢大道。

当时，叙马驿道修通后，改善了马边至蛮夷司和屏山的交通状况，极大地方便了老百姓生产、生活的运输需要，广受好评。

为了感谢汪京修路的功德，百姓立碑纪念，于1593年在靛蓝坝乡公路边岩上刻“汪公路”三字，并将该路称为“汪公路”，意为此路的建成全是汪公的功劳；但汪京是一个非常谦虚的人，1606年，县人请他为此路题字时，他亲自写下了“永赖同功”四个大字，命人刻于驿道崖壁（今老河坝乡红溪岩上）醒目处，意为此路的建成，不是一己之功，是依靠大家的力量，是所有人的功劳。

如今，叙马驿道已被马新公路贯通，崖壁上“永赖同功”四个大字虽然已被泥石流淹没，那段历史佳话却仍然闪耀在人民心中。

如今的“汪公路”已枝繁叶茂，马边各族群众效仿汪京，积极修桥筑路，在扶贫攻坚工作中发挥着巨大的作用，该路于1985年改造为马（边）新（市镇）公路，经过多次修整，现已蜕变为三重三级7.5米宽的沥青混凝土路面，列为省道S311线，不仅成为马边彝族自治县重要的出境通道，资源运输通道，而且串连起了沿线的东光村、联和村、水流板村、八一桥村、春林村、金华村、茶叶村，龙桥村、东升村、水平溪村、双河村、会步村、凉桥村、惠定村、桃溪村、灯塔村等数十条通村公路以及乡道东建路、漫民路、翠老路、老建路等，为沿线五乡数十村2万余人脱贫攻坚之重要干道，正在续写着新时代的新篇章。

扫码收听本文音频

情满巴山路

王良魁,达州市万源市养路二段喻家坝养护站站长。1993年,退伍复员的王良魁“子承父业”,成为一名普通的养路工。从那时起,他一直默默坚守在乡村道路养护的平凡岗位上,把自己的汗水和青春无私地奉献给万源乡村道路建设事业。

21年来,王良魁走遍了万源20多个乡镇,蜿蜒曲折的山乡道路,处处都留有他那沉重而又坚实的脚印。他勤勉敬业、吃苦耐劳、关爱同事、帮老扶幼,深得单位同事和周围四邻的赞扬,他二十年如一日,执着于山区的道路管护,从一名普通的工人逐渐成长为一名业务能力精、组织能力强的山区公路养护管理的行家里手。

子承父业　不畏艰辛

“因为辛苦,所以选择。”谈到养路工作,王良魁说:“这是父亲曾对我说过的一句话,也是影响我最深的一句话。”

王良魁的父亲也是一名普通的养路工人。在他的印象里,父亲的工作可以用一个字概括:苦。每天天刚亮,父亲和工友们就要外出,天黑后,父亲他们才拖着疲惫的身子回来。他们从没有穿过干衣服,晴天汗水如流,雨天雨汗交加。有时为了赶工期,他们还常常野营在外,饿了啃几口随身带的窝头,渴了就喝几口山涧泉水对付。

对于养路工作,父亲从未提半个“苦”字。王良魁也曾问过父亲，父亲说："天天风吹日晒当然苦，但道路不通，过往的行人司机就更苦，我们苦了点，他们就能少吃些苦。"

父亲的话深深地影响着王良魁，转业复员后，王良魁义无反顾地"子承父业"，成为大巴山里一名普通的养路工。在他心中，永远记住父亲的那句话："让自己苦点，让别人少点苦。"

敬业爱岗　争优创先

走上养护工作岗位的王良魁吃苦耐劳，任劳任怨，几经风雨历练，几经寒来暑往，他逐渐成长为一名业务娴熟的养护能手。

2010 年，王良魁被安排到永宁乡喻家坝养护站任站长。在喻家坝养护站的办公室，同行的领导指着墙上一张泛白的奖状对王良魁说："喻家坝养护站名头可是响当当的，1984 年就被评为了省级先进集体，你来这里可要再接再厉，让这面红旗继续飘扬。"

王良魁点着头说："谢谢大家的信任，我一定不辜负组织的期望，当好喻家坝养护站这面红旗的旗手。"他这样承诺，也这样去履行。

王良魁刚上任不久，万源全市就发生百年不遇的"7·17"洪灾。洪水卷席万源，冲毁良田房屋，冲垮桥梁公路，王良魁所在的喻家坝也不例外。时值双休日，望着如注的倾盆大雨，回家想帮助妻子干点农活的王良魁心急如焚，第二天天微亮，他就急忙上路往喻家坝赶。由于道路多处损毁，车辆根本无法通行，他只能步行赶往喻家坝。大水冲垮了沿途的公路，他就翻山越岭走小路，当他赶到喻家坝道班时，已是下午 5 点，雨水淋湿了他全身，小腿肚上全是荆棘划破的血口子。

王良魁顾不上休息，换上工作服，胡乱扒了几口泡面，就匆匆上路查看险情。这场大洪灾让喻家坝路段面目皆非，仅规模性塌方就有 50 余处，块块巨大的山石顺着泥石流滚到路面，挨着河边的路段地基被掏空，有的地方仅剩下一张水泥皮。

王良魁对每处险情都做好详细记录，带领工友们在最短时间内做好相关的安全标识，积极配合单位和当地政府做好交通恢复工作。他们日夜奋战了整整一周，喻家坝路段终于抢通；接下来的一个多月的时间里，王良魁和工友们用锄头、铁锹、手推车等简单工具夜以继日地战斗在道路整修的最前沿，无论天晴落雨，周围的人们都能看到养路工推土方、理水沟的身影，直到全线道路恢复昔日风貌，所有险情得以完全排除，他们才松了一口气。

今年 4 月 11 日下午六点多，正行进在回家途中的王良魁接到单位办公室电话，喻家坝梅垭口路段刚刚大面积塌方，来往的车辆受阻，必须马上排除险情。情况就是命令，王良魁立刻调转车头，一边通知其他工友，一边迅速赶往喻家坝梅垭口，到达塌方处已是晚上 8 点，两边的车队排起了长龙。王良魁跑回养护站找来锄头、铁锹、钢钎、手推车，头戴矿灯和工友车明政一起干起来，看着两位工人辛苦劳动，司机们也纷纷加入，一场疏通道路的战斗在梅垭口打响，经过两个小时的奋战，100 余方的泥土和石头被清理得干干净净，道路恢复了昔日的秩序。直到最后一辆车离开梅垭口，王良魁和车明政才收拾好工具返回养护站，当疲惫的王良魁赶回长坝老家时，已是第二天凌晨 1 点。

作为养护站站长，每天王良魁不仅要带队上路，进行道路的日常管护工作，而且在下班之前还要做好当天工作的相关记录。公路日常巡查、公路养护生产作业、出工出勤、学习记录、材料台账等，按照公路养护管理规范化要求一一详细备案，多次受到单位的表扬。喻家坝养护站管理经验也得到达州市公路局的充分肯定和赞扬，2013年，达川区养路一段、宣汉县养路二段等单位先后专门赴喻家坝养护站参观学习，精细化管理让同行们称赞喻家坝养护站是“山区公路养护管理的行业标准”。

乐于助人　奉献是爱

作为一名养路工人，王良魁不仅把养好路、看好路作为自己的工作，而且还热心帮助每一位路上的人。2013年冬天，王良魁巡查至梅垭口路段，看见一辆挂有“苏B”字样的货车歪倒在路边，右边的两个车轮全都陷进了水沟。原来冬天路滑，外地司机不熟悉路况，一不小心把车开进了路边的水沟。王良魁见状，连忙就上前帮忙，司机用千斤顶把车胎一点一点地从水沟里“拔”出来，王良魁从附近找来石头一层一层地垫起来，忙活了1个多小时，才把车子从水沟里“抬”出来。寒冷的冬天，风吹在脸上如刀割一般，两个人却累得满头大汗。司机为感谢这个不知名的好心人，当场掏出200元钱表示谢意。王良魁接过司机递来的烟，却拒绝了司机递来的钱。他说：“我是这段路的看护人，保障车辆安全是我的职责。烟我收下，钱哪能要呢？”司机握着他的手，操着生硬的四川话说：“万源山美水美人更美，好人硬是多！”直到最后，那名外地司机也不知道王良魁的姓名，只知是万源永宁乡的一个养路工帮了他的大忙。

王良魁个子不高，长得不壮，却是喻家坝养护站的主力军。喻家坝养护站3个工人，刘雪莲是女工，老工人杜明政在养护岗位上干了近40年，严重的腰间盘突出让他几乎无法弯腰，每每野外出工，王良魁就成了主劳力。搬石头、挖水沟，重活、累活，王良魁总是抢着干。他总是说:“刘雪莲一个妇女家没劳力,老杜干了几十年,周身都有病,我多承担点是应该的。”其实,经常风里来雨里去的王良魁自己也患有严重的风湿病和腰椎病,一到下雨天,周身都痛。但王良魁从不在工友面前叫一声苦,每逢雨天,他总是抢着主动上路巡查,经常冒着大雨疏通水沟,搬运滚落的石头,回到养护站,脱下雨衣,全身上下常常没有一处是干的。

乐于助人的王良魁时常总是尽自己所能帮助附近的孤寡老弱。家住养护站旁的赵大娘儿女都外出务工,和两个小孙子相依为命,王良魁得知赵大娘缺少劳力,常常在工作之余去她家里帮忙,背炭、换气、管菜园,跟老大娘拉家常,大娘逢人总会夸他几句:“王良魁这孩子真是个大好人哟,随时都把我这个老太婆记在心头地呢。”周围邻里有事,王良魁也是随叫随到,邻居向他表示感谢时,他总说:“好亲不如近邻,我一个外地人,在这里也没少给大伙儿添麻烦,其他忙帮不上,出点劳力还是得行的。”

在王良魁的带领下,喻家坝养护站出色地完成了每年各项工作。从 2010 年起,喻家坝道班连续 4 年被万源市养路二段表彰为先进集体,王良魁本人也多次被单位评为“先进工作者”。王良魁用自己的实际行动让喻家坝养护站先进集体的荣誉之旗继续飘扬在大山之中,他也从父亲那句“自己多吃点苦,别人就少吃苦”的话语中悟出了奉献是爱的人生真谛。

扫码收听本文音频

我们是仪陇路政人

嘉陵江畔，有这样一座小城，人杰地灵、物华天宝，它是朱总故里，德乡仪陇。在这片美丽的土地上，有这样一支队伍，敬业奉献、不辱使命，他们有一个共同的名字—仪陇路政人。

从小就崇拜那些穿制服的人，警察、军人、消防员……看到他们我总会幻想我以后穿上制服会是什么样子，2015 年我大学毕业参加工作，终于如愿以偿，穿上制服成了一名路政人。自此开始真正理解这光鲜的外表下，所付出的辛勤和汗水，也便不再觉得身着制服仅是如何的帅气、如何的威风，反而明白所承载更多的是奉献、责任和使命。

在烈日炎炎的盛夏，在滴水成冰的寒冬，记不清有多少次，制止打场晒粮，拆除违章建筑，查处超限车辆，疏导交通事故现场秩序……

保护路产、维护路权，确保公路安全畅通是我们使命。无论处境多危险，无论任务多艰巨，我们甘做一颗铺路石，让坎坷变坦途，让沟壑成平川。2016 年 6 月接群众举报，一辆牌照为川 R 籍车辆行驶至 G244（原仪华路 K32+700 右侧）时发生交通事故侧翻，致使公路路面遭受大量油污污染，严重影响夜间公路交通安全。我和同事接到任务就立即赶往现场，中队长何林一边安排人员将已受伤的货车驾驶员许某就近送往复兴镇卫生院，一边让我协同现场人员设立警示标志、疏导交通。现场留下大量油污未清理，看着夜色临近，为避免其他车辆车轮碾压油污，再次发生交通事故,中队长何林带着另外两个同事拿起铁锹,将货车散落的砂石覆盖在油污上,200 多米的污染带,我的同事们就这样一锹一锹的覆盖、填平,砂粒混合和汗水的味道。看着他们一个个疲惫但坚强的背影,我明白了制服承载的是责任。

路政管理工作是一项政策性、导向性、涉外性很强的工作,要求执法人员要有吃苦耐劳的精神,更要有不躲避,不畏缩,不抱怨的耐心。2017 年盛夏,我和同事在巡查至 S304 成南路土门镇路段时,发现居民王某占用公路晾晒玉米,严重影响道路畅通。我们执法人员对当事人下发了责令整改通知书,责令其立即清理,但王某认为,由于数年前道路改造,将原本属于自己院坝的位置占用,无处晒粮,况且自己只占用了一小部分路面,对交通并无太大影响,不予配合。为尽快舒缓交通压力,我和同事一边继续耐心向王某及围观群众进行路政法规宣讲,一边冒着高温酷暑,自己动手,清理晾晒在公路上的粮食,在我们诚挚、耐心的宣传与帮助及现场群众的劝说下,当事人最终认识到了自己的错误,配合执法人员清理了占道晾晒的粮食。临走时,他说:"你们不仅仅为我们百姓修好了道路,还管理好道路,最大的受益者还是我们自己。"看着我的同事被汗水浸湿的衣服,我明白了制服承载的是奉献。

公路建筑控制区管理是一项长期的工作,做到早发现、早制止,将违法行为消灭在萌芽状态之中,以减少当事人更大的损失,是这项工作的一项基本原则。2018 年 1 月,我和同事在巡查 S304 三汊河路段时,发现海溪桥往金城方向 400 米位置,三汊河村村民刘某正准备在公路左侧建控区内打桩划线。经现场测量,刘某准备修建的建筑物前墙距公路路肩距离只有 12.5 米,我和同事们立即制止了当事人的违法行为，向他宣讲相关路政法律法规，并耐心解释公路建筑控制区红线的重要意义。刘某认为自己要新建的房子离公路已经有十几米了，是我们故意为难，还是不肯退出建控区管理红线修建房屋，但勉强答应暂不动工。鉴于这种情况，我们连续三天上门做工作，同时，联合地方国土所工作人员及村干部一道向刘某宣讲在公路建控区内修建建筑物的危害。通过反复宣传，刘某终于同意重新打桩划线，退至公路建筑控制区红线外修建房屋。看着同事奔波的身影，我明白了制服承载的是使命。

什么是仪陇路政人？我想了很久，他们是一把斩断破坏公路设施行为的利剑，他们是一块治理超限车辆、维护公路安全畅通的蓝色盾牌。

滚滚的车轮迎朝阳，重任肩上扛，治超清障护路权，确保畅通，祖国的嘱托，人民的希望，平凡的勇士忘我工作，奉献力量，风霜雨雪都不能挡，锐利的目光，烈日炎炎下挺起正直的脊梁，仪陇坦途是我们共同的心愿，嘉陵江畔有我们坚强的守望，德乡故里有我们忠诚的护航。

扫码收听本文音频

不忘初心　情系向坝

笑脸

用心更多一点
每一个夜晚
他们不再怕黑
用情再深一些
无助的他们
终会露出笑脸

我明白
困境如烟
笼罩一切
痛苦难言
而希望
犹如种子
埋在心间
终成绿叶

每一秒
用时间去感受
他们的世界

每一天

用眼睛去体会

稻田和土地的一切

只要有坚持　明天就在眼前

我们牵起手　命运终会改变

这是泸州市交通运输局派驻到江门镇向坝村第一书记刘爱风写的一首小诗，字里行间蕴含着刘爱风同志对向坝村广大贫困户的关心，蕴含着对扶贫事业的坚持和热情。

刘爱风，合江县航务管理处副处长。2017 年 7 月，按照组织安排，刘爱风开始担任叙永县江门镇向坝村“第一书记”，一直“全日制”在村工作。他通过深入调查研究，强化组织建设，推动精准扶贫，热心为民服务，得到了镇村两级和群众的一致好评。

向坝村有农户 634 户 2322 人，截至 2017 年 12 月，有建档立卡贫困户 108 户 414 人，2014 年以来，累计脱贫 93 户 356 人。自担任向坝村第一书记以来，刘爱风积极适应新岗位新要求，充分调动村两委工作积极性，齐心协力扶贫攻坚，用行动诠释责任，用奉献彰显担当。

修路引水难题解　基础建设谱新篇

“感谢共产党，感谢刘书记，我们社的路通了，娃儿终于不用走路上学了！”“今年竹子行情好，路修好了，车子拉得出去，可以过个好年了！”群众的一张张笑脸，道出了向坝村道路建设的可喜成就。向坝村位于江门镇北面，属于岩区村，山地多，平地少，多年来苦于没有形成规模化的硬化道路，竹产品、农副产品运不出去,儿童接受教育不便,群众看病难,道路建设的滞后,是向坝村贫困的重要原因。

得益于党和政府精准扶贫的好政策,2017 年向坝村争取到了 22.1 公里道路硬化项目。在落实政策的过程中也遇到难题,土地是农民的根,道路建设需要占用土地,少数群众不理解,想不通,对于道路建设工作不配合,不支持,怎么办?刘爱风书记上任以来,多次召集村党支部、村两委,研究协调占地补偿,同时,对个别持反对意见的群众,逐一入户,耐心细致做群众思想工作,终于取得群众的支持。截至 2017 年 12 月初,计划的 22.1 公里硬化项目已全面完成 18.4 公里;江门镇到向坝村办公室 5 公里路段,因运输竹料大车通行较多,原有 4.5 米道路错车困难,长期引起交通堵塞,经刘爱风书记向上级协调争取,市交通运输局拨付 10 万元,用于修建 11 处错车道,错车道全面建成,大大缓解了交通拥堵状况。

饮水难也是一直以来困扰向坝村的难题,为彻底解决饮水困难,从 8 月起,刘爱风书记在向坝村锅铲沟、司令沟、柏香沟三处集中供水建设点蹲守,协调监督工程进度,确保按期完成建设。截至 12 月初,集中供水点建设全面完成,彻底解决了向坝村 800 余人饮水问题。

集体产业上台阶　致富增收展笑颜

早上 8 点不到,向坝村竹料厂已是车头攒动,人声鼎沸,今年竹浆行情看好,向坝村新建成的竹料厂机器开足马力,源源不断产出竹片。向坝村竹资源丰富,拥有林地 2 万余亩,一直以来竹产业未形成规模化开发,群众在竹产业方面的发展仅停留在零星砍伐,收入难有大幅提升。2017年,利用产业扶持基金和向市交通运输局争取的帮扶资金,向坝村集体资产管理有限公司开始了村竹片厂的建设,向坝村迈开了规模化利用竹资源的脚步。从修建料场、引进切料机器、完成电力安装验收,刘爱风书记的身影在向坝村竹片厂忙碌着。

“老罗,今天又去砍竹子啊?这个月你砍得不少嘛!”

“啊,托刘书记的福,从上个月初到今天,估计有10吨多了,今天我把我兄弟都喊回来了,还要靠竹子抓抓收入。刘书记不跟你摆了,我砍竹子去咧!”向坝村五社村民罗伍兴憨厚地笑着,看来,今年是个丰收年!

9月初,向坝村竹片厂全面建成并投入生产。竹片厂的建成,为向坝村集体经济带来每年5万元的收入,并带动了向坝村450余户农户发展竹产业,户均增收8000余元。

此外,在发展竹产业的同时,利用市级产业扶持基金,刘爱风书记积极投入向坝村村集体养猪场建设,从场址选点、环保备案、工程比选到项目建设,每一个环节都投入大量心血。截至12月初,村集体养猪场已完成主体建筑。养猪场建成后,预计年出栏量1000头,村集体经济每年可获收益10万元左右。

精准脱贫成效显　真帮实扶暖人心

“安得广厦千万间,大庇天下寒士俱欢颜。”从小生长在农村,刘爱风书记深知,住房安不安全,住得舒不舒心,是农村群众生活中的头等大事,一栋破旧的农房就如同一根扎在心中的刺,让人始终不能放下心来。

“刘书记,当时是我没想通,我觉得还是现在好,搬到古寨来,真是说不完的好处,确实要感谢你!”

“杨老辈,不客气,这是我应该做的,古寨的生活您慢慢就习惯了,今后有需要我帮忙的您尽管开口。”

在落实易地搬迁政策过程中,向坝村三社杨光华的父亲突然不愿意搬到江门古寨集中安置点居住了,杨光华着急地打电话给刘爱风书记,请求帮忙劝解。原来,杨光华的父亲了解到易地搬迁需要拆除原房复垦,他觉得,住了一辈子的房子,突然要拆,感情上一时无法接受,而且,老年人已经习惯于农村生活,对于搬迁到江门古寨集中安置,怀有恐惧和不适应心理,担心与左邻右舍不好相处。刘爱风书记急忙赶到杨光华家中,劝解杨老辈道:“正因为交通不便,住房不安全,医疗和发展生产都受限,才需要搬迁,您也这么大年纪了,腿脚风湿也严重,搬下去方便医疗,房子是住了一辈子,可现在已经有危险不能再住了,这个地方也不适宜发展生产了,您的儿子杨光华在镇上和周边打零工每个月有一两千收入,在镇上也方便照顾大病的妻子,您也不希望他每天跑那么远山路再回这里来吧?”经过一番劝解,做通了思想工作,杨光华一家顺利完成了搬迁复垦。

经过大量工作开展,截至12月初,向坝村2017年易地搬迁户已有11户搬迁户到江门古寨集中安置入住,15户C级危房改造完成、21户D级危房主体建造完成,住房改善取得了可喜的成绩。

农网升级改造全面完工,村民用电进一步稳定;健康体检任务完成100%;村文化室、图书室、村民活动场地全面建成;90户建档立卡已脱贫户收入全面巩固提升,3户预脱贫户脱贫指标全面达到要求。“刘书记,感谢你帮我修好了电视”“刘书记,谢谢你把电给我接通”“刘书记,感谢你帮我办理贷款补贴”……一桩桩、一件件,村民感谢的话语温暖着刘爱风书记的心,他暗自下定决心:再接再厉,驻扎在村上,沉下心来,不脱贫困誓不还。

山路辗转绕林间,村中晚来夜未眠,建言献策费绸缪,伏案沉思谋新篇;多少步脚印,在向坝村的山水间行来;多少个夜晚,在村办公室奋笔疾书中度过,脱贫攻坚是场硬战,向坝村正在刘爱风书记的带领下,一步步,走向胜利,走向辉煌!

扫码收听本文音频

一名路政新兵的“流水日记”

我叫吴东春,南充市公路路政管理支队直属一大队的一名路政人员。今天,我想借此次交通行业故事征集活动之际,吐槽吐槽咱这行业,唠叨唠叨路政人在维护路权、严格执法、文明执法,默默坚守的那些小故事。

我是去年9月,从管理站借调到路政一大队的,算是一名路政“新兵”。记得借调的消息刚一传出,身边的亲朋好友便神秘地说道:“东哥,这下混了个好差事哦!天天就开个车,在公路上转悠、查车、罚款……。”我既惊诧他们怎会对路政有如此片面的“奇怪”认知,又一本正经地努力给他们作些解释,“路政工作,不是那个样子,它涉及面广,包括日常巡路、治理超限超载、非交通事故救援、整治路域环境等等。”结果,事与愿违,反而印证了“越描越黑”的这一说辞,连我最好的朋友都摇头,直言道:“你不是不好意思,面对这样犀利的问题吧。”一时语塞的我,竟不知如何再作答,难不成路政人还真是这般的“悠哉游哉”?搞得我差点“左右摇摆”。

加入队伍后,在队领导和队友们的指导帮助下,也通过自己的不懈努力,我很快熟悉上了业务。特别是在治理超限超载工作中,做到了严格执法,公正执法,痕迹执法,并对任何一起超限超载车辆的执法状态,实行及时汇报,这是我的个人成长。但更多是,我亲眼看见的,也亲身体会到的,正在刷新我周围人对路政人的偏见。在繁杂高压甚至充满危险的工作背后,我看到了路政人太多鲜为人知的辛酸和无奈。在国道 212 线火车北站改造工程现场,在国道 318 线西兴弃土场渣土运输现场,在阳光置业楼盘修建工程等等重点路段,那些“白+黑”“5+2”的忘我工作,不但卓有成效地保证了道路的安全畅通和路面的干净整洁,也将路政人攻坚克难、拼搏奉献、挥洒汗水的动人情景,深深镌刻在了我的脑海中,记忆深处。

日常流动治超,是我们每天的工作常态。那些行驶在公路上的超限超载车辆,压根就是“公路杀手”,害人且害己,我们必须要治理,而且还要治彻底。而我所在大队负责的辖区,每天过往货运车辆车流量很大,这让我刚到不久,就深感到了路政这“差”充满着艰辛与挑战,我们就像在打一仗硬仗,而且是非攻下不可。我们的执法过程,也随时随地上演着一些“片中事、剧中情”的情景,要知道,在治超治限保护路产路权的过程中,许多货运车辆及货运主,是不愿积极配合的。那是一个周五的下午,我与队友在临近下班时间的巡逻中,凭着经验,发现对面一辆四轴货车似乎有些“猫腻”,于是立即通过扩音喇叭,示意其靠边停车接受检查。可该车辆却“无动于衷”,仍向前方驾驶。见警示无果后,我们驱车尾随,并立即通知队友在前方拦截。8 分钟后,队友成功将其安全截停。经检测,证实该车超限率已达 95%,属明显的违法超限车辆,心虚的货车司机,也在铁的事实面前低下了头。就在我们执法处理过程中,事情发生了戏剧性的一幕,站在一旁一声不吭的货车司机,突然跃身上了驾驶台,拉上车门,意欲发动车子逃离现场。说也迟那也快,旁边队友也一个箭步冲上去,隔着驾驶室门,与货车司机争抢起了车钥匙,死死揪住不放……事件最后以队友手背擦伤,货车司机受到严厉的批评教育与行政处罚而结束。可这样的境遇,在我们执法过程中,只是遇到各种对抗执法行为的冰山一角。面对金钱和物质的诱惑,无论我们路政人如何苦口婆心的宣讲政策做好解释,根治货车超限超载这一“顽疾”就如“牛皮癣”,非常难以攻克。但路政的男儿们,也用骨子的血性,始终的坚持坚守,凭借不退缩、不动心的工作信条,面对货车司机的滋事和吵闹,甚至凭借身后复杂关系背景,公开恶意辱骂和威胁,仍认真履行神圣职责,秉公执法,敢于向各种侵占、污染、损毁、破坏路产的行为作斗争,不放过一辆超限超载车辆,也构成了公路的又一道亮丽风景线。

但别以为路政人,只是执法“冷血的人”。其实,路政人的身上,同时也发生着许许多多的“温情故事”。就拿去年的冬天来说吧,当人们在欢呼雀跃眼前雪的美景时,我们的内心,却在涌动着职业敏感的担心。果不其然,因路滑前方国道有车追尾,导致后方滞留车辆近两公里,在队领导的带领下,队友们冒雨夹雪的寒风一路小跑赶到现场,面对救援设备半天进不来,又靠人推、靠手抬,硬生生地挤出了大半条车道,供小车通行,缓解滞留压力。雨夹雪,在断断续续地下着,救援的步伐一刻没停止,救援的工作有序进行着,从白天战到了黑夜,队友们的脸手都冻得通红通红,但他们还将车上自己的“口粮”,几袋面包一一送给了堵在路上的老人和妇幼。这样的温情故事,暴雨时节也常上演。听同事们讲,去年三伏天的一个中午,队里接到电话,大家立即放下刚端在手上的饭碗,遂赶往事发点。到达现场后,询问当事人现场情况,对现场进行安全维护,展开路损勘察……待一切事故处理完毕,越下越大的雨水,早已将大伙淋成了“落汤鸡”。但队友们并没停止脚步,一不做二不休,继续向前巡逻,果真发现前方行车道上有倒压的树木，又与养护人员紧急沟通，对道路进行临时管制，还将警报器鸣响，提醒过往车辆减速慢行，一直到路面通行恢复。

这，就是路政人的“真实模样”，还如局外人眼中的“悠闲”吗？其实，只要大家留意观察，这些年，在防汛抗旱、抗冰保通和交通阻断的救灾、抢险及救援现场，都会看到身披藏青蓝的路政人身影。为了祖国交通运输事业的平安发展，我们默默奉献在路上，哪里有危险，哪里需要帮助，哪里就有我们。而今的我们，正积极响应党的号召，为新时代的建设，毅然前行，用自己的忠诚，护航路政事业，在新的征程上扬帆远航。

扫码收听本文音频

只为深山铺富路

走近李来东,这是一个年过五十两鬓斑白的汉子,虽个子不高,体格偏瘦,但精气十足,目光中满是干练和坚毅。2015 年 4 月,李来东受巴中市通江县路政大队安排,任铁佛镇社口村“第一书记”。几年来,凭着深厚的群众感情和一个老共产党员的责任担当,他不负组织的重托,与社口村全体群众一道,实干苦干,向贫穷落后挑战,短短三年,使社口村面貌发生天翻地覆的变化,全村即将告别贫穷。李来东这个一生与公路打交道的人,完成了从当初群众眼里的“门外汉”向现在群众口里“咱们的李书记”的华丽转身。

“胶鞋书记”

初到社口村,李来东背了一个鼓鼓囊囊的大背包,里面有他的“秘密武器”。他不像有些第一书记,下到乡里,为了显示自己的干部身份,西装革履,手提公文包。去社口村的头天晚上,他特意从城里专卖店买了两双结实耐穿的胶鞋和一双水鞋放在包里,这是他走马上任“第一书记”特意带上的秘密武器。

从进村的第一天起,他就脱下皮鞋,晴天穿胶鞋,雨天穿水鞋,挨家挨户走访、逐沟逐坎查看。人们总能看到一个穿胶鞋的汉子,成天反反复复行走在社口村的田边地角、农家院户和坡坡坎坎,不出几日,人们奔走相告:“我们村里来了个穿胶鞋的书记”!从此“胶鞋书记”的绰号不胫而走。

老村支书鲜二章病了,瘫痪在床,生活极度困难,李来东专门抽时间去看望,掏出身上仅有的500元钱交给老人买药看病;三社残疾人苟长森是村里出了名的困难户,李来东了解实情后立即和村支书研究,落实了生活低保和困难补助政策;养殖大户张朝鲜的养鸡场因下雨滑坡受损,李来东穿上水鞋冒雨查看灾情,落实救灾复产……

几个月过去了,胶鞋磨穿了,水鞋磨破了,社口村的沟沟坎坎全都熟了,走在田边地头,老远就有群众喊"李书记"了,李来东明白:民心是靠穿着胶鞋一步一步拉近的。

"小偷书记"

初到社口村,李来东被部分困难群众的贫穷深深震撼。春寒料峭的三月,李海家的两个孩子还穿着单衣薄衫,苟长森没有御寒的棉衣……李来东专门回了一趟县城,悄悄从老婆的服装门市偷了一大包衣服,给困难户挨家挨户送去,苟长森感动得连声说"李书记好人啊"!由于没好意思给老婆说,老婆发现门市丢失东西后,给他打电话并准备报案。这件事情被旁边的群众听到了,从此,"小偷书记"的绰号就传开了。

"赖皮书记"

在县级各部门,李来东的"赖皮"是出了名的。社口村地理位置偏僻,自然条件恶劣,全村基础设施建设十分落后,为改变落后面貌,为脱贫致富打好基础,李来东没少跑县级各部门争取项目。只要看到李来东来了,就知道又是来要项目和资金了,而且非常难缠,不达目的不休,是有名的"赖皮书记"。

社口村地处大山斜坡上,无水源,也留不住雨水,群众过着极度缺水的日子。为解决饮水难,李来东无数次跑县水务局,软磨硬缠,带着领导和专家到现场察看群众缺水情况。他的诚心终于打动了县水务局领导,2015 年,县水务局拨款 50 万元,立项修建社口村饮水工程,2016 年工程竣工,群众用上了干净足量的自来水,全村告别饮水难。

为硬化社口村 4 社 4.3 公里村道路,李来东数次到县交运局申报,由于当年交通建设资金紧张,交运局领导未同意。李来东仗着自己是几十年的交通老职工,拉下老脸耍起了赖,天天跟着局长磨,局长到哪他到哪,直到局长同意为止。2017 年,社口村 4.3 公里联网路硬化竣工,打通了交通瓶颈,联通了通往平昌县的出境路,社口村交通环境大大改善。

凭着李来东锲而不舍的“赖皮”精神,多方争取项目和资金,短短三年,社口村不但解决了群众饮水难、行路难,还建好了村委、村卫生站办公大楼,添置了现代化办公设施,村容村貌和基础设施条件发生了翻天覆地的变化。群众都说,这都是李书记要赖要来的!

“咱们的李书记”

几年过去了,社口村面貌日新月异,2018 年整村脱贫在望,当初那个在群众眼里“城里来的门外汉”,现在成了群众口里“咱们的李书记”。村里杀年猪、老人过生、办儿嫁女,家家户户必定会喊上李书记,吃顿饭,喝杯酒,拉拉家常,群众用这种最朴实的方式表达着朴素的感情,每每这时,李来东满足,也很陶醉。

走在社口村的田坎上,迎着西下的夕阳,李来东满是感慨。

回想着这几年来自己的艰辛与付出，他觉得，人生并不是事事都要回报，能在半百之年做点事，体现自身价值、让群众受益，他觉得值了。

扫码收听本文音频

最美的风景在路上

一年365天，对公路养护工作来说，每天都是进行时；对有一群人来说，以路为家，与砂石灰尘相伴，道路延伸到哪里，哪里就有他们的身影——他们就是被称为“马路天使”的养路工人。漫漫公路线上，他们舞动着扫帚、铁锹与锄头，在路面上绣出一幅幅精美的图案，苦乐尽在不言中。桔黄色的身影与黑色的玉带交相辉映，构成一幅幅美丽的画面，把“畅、安、舒、美”铺向四面八方。

传承——父子两代人的事业

西昌市公路局磨盘养护站站长任伟林是众多养路工人中的普通一员。1985年，年少的他接过父亲手中的锹和镐，成为了一名养路工人。老话说“宁做农户人不做道班工”，可见道路养护工作的辛劳。那时的道班工人因为工作辛苦又没有社会地位而没有人愿意干，所以大多数职工都是像他一样，子承父业走上了养路岗位。

接了父亲的班儿，怀揣着对公路的情愫，任伟林穿上了橘红色的工作服，开始奔忙在路上，成为了第二代养护工。他每天早出晚归，谨记父亲的教导和期望，把满腔赤诚都倾注在公路养护上，“逢年过节是公路保通的关键时候，我们因此不能与家人团聚，但看着道路平整干净，来往的车辆平安行驶归家，就是我作为养路工人最大的幸福！”

“晴天一身灰，雨天一身泥，夏天一身汗，冬天一身雪”，这话形容公路养护工一点也不为过。任伟林在这个岗位上一干就是三十年多年。三十余个春秋,他与青山为伴,与公路为伍,把情、心、魂都系在了公路上。他那饱经风霜的脸上总是洋溢着宽厚朴实的笑容,不再年轻的眼睛中透露着不知疲倦的干劲,布满厚厚老茧的双手见证着他几十年如一日的默默奉献。他以对公路养护事业的热爱和付出,谱写出一个个感人肺腑的故事,在平凡的工作岗位上做出了不平凡的成绩。

33 年来,任伟林已经深深爱上了这份工作,每天不上路心里就空落落的像缺了啥。在他眼里,公路养护工作不仅是谋生的手段、生活的依靠,更是一份责任、一份担当,而且一家两代养路人,是一份难得的荣耀,他很珍惜这份荣耀。

责任——守护公路的安全畅通

2000 年,任伟林来到磨盘公路养护管理站任站长,开始了全新的工作。磨盘管理站的前身是花坟道班,成立于 20 世纪 60 年代,担负着 G348 线 23 公里、佑君镇岔路口至磨盘乡政府 10.237 公里公路养护保通任务。这里地处山区远离城市,条件艰苦,工作任务繁重而艰巨,G348 线是凉山州府西昌通往木里藏区和盐源泸沽湖景区的交通要道,既是民族路、稳定路,又是旅游路、致富路。多年以来,由于磨盘养护站的特殊性,这里从未有过女职工,都是一群大老爷们儿扛起重任。人员少,线路长,山高坡陡,弯多路险,雨季塌方泥石流,冬季飞石隐患多,工作强度非常大。一群大老爷们儿在任伟林的带领下,以养好公路为己任,与时俱进,不断学习养护知识,提高养护技术,任劳任怨,维护道路的平坦与畅通,保障着过往车辆和行人的安全。

每天天色微亮，任伟林就带领大家带上工具，穿上橘黄色工作服，开着公路养护车，开始了一天的巡查养护工作。

“这条路是山区路，也是旅游线路，车流量大，过往的村民也多，一下雨山路湿滑，且极易出现山体滑坡等灾害，影响人们的出行，所以我们要及时地对路上出现的问题进行处理，清理飞石塌方等交通安全隐患。”每年5月至10月初的雨季是一年之中最忙的时候，养路工人们经常通宵达旦修复着公路，有时白天紧张地工作了8小时，晚上一有情况，又会马上出发，整夜整夜地工作是常事。

细致入微的养护工作，让任伟林对这段路上的每一个险坡、每一个隐患点都了如指掌，及时高效的工作效率，极大地降低了公路安全事故发生概率。多年来，因为有任伟林和同事们的长期坚守、精心呵护，这段路没有出现过因公路灾害而引发的交通安全事故。

如同每一个朴实无华的养路人一样，任伟林并不认为自己有什么不得了的壮举。在他看来，养护工作既不简单又很简单。不简单的是随着时代的发展，养护技术日新月异，过去的人工作业将逐渐被机械化作业所替代，学习新知识、新技术已成为常态，这对学历普遍不高的养路工人来说并不容易。但养护工作也很简单，任伟林说，养好公路的关键无非六个字：多用心，勤上路。清扫路面、整理路肩、疏通边沟涵洞、排查安全隐患……只要用心用力，没有什么工作是做不好的。任伟林与职工们甘守寂寞和艰苦，无论是冬天寒风凛冽，还是夏天烈日炎炎，他们用实际行动践行着“多用心、勤上路”这“六字箴言”。

坚守——以路为业　以站为家

作为一线养路人，清扫路面、修补坑槽、清理边沟、割除杂草都是本职工作。这些工作看上去简单，其实却并不容易。

就拿清扫路面来说，一个动作要重复一整天，因为扫到这头，那头可能又落下了飞石，或被人扔下了垃圾；扫到那头，这头又脏了，所以必须要从早扫到晚，保证路面的干净整洁。日复一日，养路工人就这样每天工作8小时，每年工作365天。

由于长年在路上作业，风吹日晒，任伟林的皮肤黝黑而粗糙。今年刚刚50岁的他，两鬓已经开始斑白，一个大大的黑色墨镜让他看上去有些"新潮"，殊不知那墨镜下的双眼因为工作患上了"职业病"。原来，在长年累月的烈日强光下，任伟林的眼睛经常刺痛，医生要求避免在强光下工作，但因为工作的特殊性，他无法做到，只能戴上墨镜。长期高强度的工作让他落下腰椎劳损的毛病，经常疼得他直不起腰来。而他只是贴几片膏药，便强忍着疼痛坚持上路，用他的话来说"公路上多一个人就多一份力量。"与风雨为伴，与辛劳相依，养路人的苦和累只有自己知道，病和痛只有自己承受。

西昌市离磨盘乡有一个多小时的路程，为了养好这段路，他舍弃市里的小家，直接住在了公路养护站，在岗位上兢兢业业工作着，周五晚上有时轮到他休息，便回西昌看看孩子，有时遇到突发情况，便整月地待在站上，于他而言，养护站和自己的家一样，需要要用心去守护。

奉献——甘做彝区铺路石

任伟林的养路生涯，一干就是30多年，修了多少路、补了多少坑,他自己也记不清了。“其实,我只是做了些自己应该做的事,平凡得就像一块铺路石。”这位皮肤黝黑、少言寡语的公路养护人,没有惊天动地的壮举,没有气吞山河的豪言,凭着朴实的信念,用实际行动默默地奉献着。也正是因为他和全体养路工人的精心呵护,磨盘养护站所养护的道路始终保持路面整洁,边沟干净畅通。

任伟林看着这条沥青路,眼里全是对路的深情。他说:“现在公路发展很快,山区公路标准从畅通提升为畅通、安全、舒适、美观,作为养路人,我要做的就是继续坚守好这段山区路,把它变得更好更美,把工作做得更好。”

在山高谷深的大凉山,任伟林只是众多公路人的一个缩影。像他一样顶替自己的父辈走上公路养护岗位的这群人,平均年龄已经超过 40 岁,仍然怀着一颗赤诚之心,默默奉献,无怨无悔,将自己的一生奉献给了公路养护事业。

养路工人是平凡而高尚的,每时每刻,都有许多感人的事迹在这些平凡的人们中产生。他们如同一块块普通的石子,静静地铺展成平坦宽畅的干线公路。他们挚爱脚下的公路线,默默地坚守着自己的信念,用汗水和智慧创造公路更加美好的明天!

扫码收听本文音频

绵阳平武夫妻道班:十年坚守雪山之巅

猴年春节前的一天下午 4 点过,一路长途跋涉,进入绵阳市平武县白马藏区的高山峡谷时,雪越积越厚,车越来越难行。下车踩雪前去,只见雪地上留下两串脚印,杜鹃山上出现两个黄衣人影,一前一后,慢慢向万籁俱寂的雪山深处移去。我们撵上前去,一番追问,得知这两个黄衣人是在此护路的冯志强和妻子刘祖菊。出生于 1968 年的冯志强,是平武县交通局公路管理所的养护职工,他和妻子刘祖菊在 S205 线九遂路黄土梁道班管养公路已十年了。

笔者跟随冯志强来到了黄土梁养护站,这里满目是冰雪覆盖,处处是银装素裹静静的大山。“从 2006 年开始,我们就在此养路护路。”刘祖菊说:“他每天很早起床,天上还挂着月亮就去上路了。我平时也要清扫路面,除一些边沟,杂草,有一次呆在这里三个月没有下过山。”冯志强每天都会上路巡查。

S205 线九遂路黄土梁路段平均海拔 3280 米,冬季滴水成冰,厚厚的积雪让原本就崎岖的道路变得更加难以通行,积雪期长达 5 个月,该路段被称为“魔鬼路段”。夏、秋天气变化大,黄土梁段公路随时塌方、断道,行车十分危险。

刘祖菊把黄土梁养护站三间屋里的柴灶火都烧旺了,给我们烧水喝。快 5 点时,敲门声响起,原来是来自平武县的副县长屈然斌检查春运交通安全,特地来此慰问冯志强夫妇。听着暖人的问候,接过送来的米、油、肉,冯志强夫妇连声致谢。刘祖菊说,这里冬季大雪封山，蔬菜只有在近百公里外的平武县城采购，买来的菜未吃完就被冻坏。

当晚7点，天幕全黑，只留繁星点点。冯志强刚坐下准备吃饭，门外又传来了敲门声。这次雪夜敲门的是离道班有7公里远的平武交警火溪火中队长胡启飞。老冯告诉我们，为了减少冰雪路面带来的潜在危险，每天傍晚，胡启飞都会和老冯交流路面信息情况，反复确认发生紧急情况时应当采取的措施。

“这十年来，和交警交流信息是我每天的例行公务。”冯志强所在平武县交通局公路管理所王坝楚黄土梁文明道班，承担了绵阳市境内海拔最高地段16公里公路的养护作业任务。该道班于2002年建成，所管养路段在历次的养护抽检中，平均好路率达85%以上，多次受到表彰。

冯志强和妻子的家住在距离黄土梁道班160公里的平武县响岩镇三桥村。

逢年过节时，正是公路养护最繁忙，最重要时。冯志强每年上班出勤达340天，除夕夜全家也无法团圆。

第二天早晨天还没亮，睡在灶房里的我们听到了柴火燃烧的声音。原来是刘祖菊已摸黑烧水用高压锅煮稀饭了。天上还挂着弯月，冯志强站在屋后结冰的小溪上，用斧头砍开厚冰，而刘祖菊则用水瓢朝水桶里装水。冯志强说：“这里没通电，要靠发电照明，也没水，我们都是从山上取水来用。”刘祖菊说，这里冬季滴水成冰，气温特低时，只有将冰块和积雪放在锅里融化后取水，洗菜和煮饭。

黄土梁养护站的墙壁上张贴着关于公路管理养护的各种条例和道路的数据信息。此外，一面写有“灾难无情人有情，助人为乐显真情”的锦旗格外醒目。冯志强告诉我们，这是 2016 年 1 月，他帮助过的重庆车主送来的。

“那是一对老夫妻和他们的儿子儿媳，从重庆自驾车到九寨沟旅游。当时下着大雪，他们驾驶的小轿车坏在了冰天雪地里。”冯志强回忆说：“这个地方冬天车流量相对较少，直到下午三点多，路过的车辆才帮他们拨通了救助电话。当时我们带着棉大衣赶过去施救，发现被困的老夫妻年过七旬，高原反应让他们头昏流鼻血。但是车上没带够吃的，我们就把他们接到了救助站给他们喂了药，生火做饭给他们吃。”

因为黄土梁山路蜿蜒，加之冰雪路面，时常有货车倾翻在这条路上。冯志强常在事故现场搭起帐篷，帮助遇险车辆看守货物，这样的情况在十年中不下 160 次。他还经常半夜去清除道路塌方，确保道路畅通，帮助司机修理抛锚汽车，积极参与车祸救援等。

扫码收听本文音频

不畏艰辛战天险　斗志满怀铸精品

溜索，这个对大多数人来说极为陌生的事物，却是凉山州冕宁、布拖、金阳三县雅砻江和金沙江沿岸的人们再熟悉不过的交通工具。在大江之上、两山之间，一根悬空的铁索飞越深谷和江河，这就是溜索。在火车全面提速，民航运力大幅提升的今天，偏远少数民族地区却依然有人过着“命悬一线”的生活，溜索是他们使用的唯一渡河工具，极其原始也充满危险。溜索在特定的时期解决了当地交通阻碍，却难以适应当地发展的步伐，“溜索改桥”工程应运而生。该工程是国家为改善偏远少数民族地区群众出行条件的重要举措，对提高彝族贫困地区广大人民群众物质文化生活水平具有极其重要的意义。

时间拉回到2015年7月，四川省交通运输厅公路设计院岩土工程一分院开始了凉山州金阳对坪、冯家坪溜索改桥及金阳河大桥的勘察任务。这些项目位于川西高原南侧，金沙江深切河谷地段，交通条件极差，山高坡陡，地势险峻，岩溶发育，地质条件极为复杂，自然环境极其恶劣。由于当地交通闭塞，项目部勘察人员和设备都只能通过简易溜索到达金沙江对岸。悬空只有两根缆索稳定栏框，加之突然起风，已到江心的溜索突然剧烈抖动，望着脚下两百多米高的滚滚江水，大家感到惊恐的同时，更多是理解到此次溜索改桥工程的意义重大。钻孔位置大多分布于高陡斜坡上，几乎所有钻孔都要修筑施工便道，重达2吨的勘探设备只能采用肩挑背扛的原始方式搬运。羊肠小径蜿蜒曲折，且大多数斜坡倾角都在 30°以上,人员上下都需采用安全绳辅助攀爬,险象环生。

钻探期正值雨季,又恰逢省道 307 线西昌至昭觉段及省道 208 线昭觉至金阳段改造修路,该路段泥泞不堪,项目车辆多次陷入泥潭,进退两难,合力推车更是家常便饭。加之沿途路基塌方、岩石崩塌和滚石等地质灾害频发,给勘察技术人员和钻探工人及设备进出场也带来了极大的危险和难度。在刚进场不久,项目车辆就差点被一直径约 3 米的滚石砸中,滚石与车辆仅仅相隔 2 米,生死毫厘之间,但大家仍然义无反顾地朝着下一工点继续前进。钻探工地更是经常遭受落石、滚石的袭击,钻探机具、设备被砸坏,为保证工期,钻探机班工人们只能在确保安全的情况下争分夺秒地抢修钻具,与时间赛跑。

大凉山多变的天气、恶劣的自然环境、生活条件的艰苦再加上水土不服,项目部人员李博、樊小青等相继病倒,出现高烧、腹泻等症状,连续输液 2—3 周,但他们坚持轻伤决不下火线,依然坚守岗位。不仅是技术人员斗志昂扬,钻机工人们更是劲头十足,任务重,工期紧,所有机班工人都加班加点,不怕累、不怕苦,从进场到最后结束外业钻探工作,几乎所有钻探工人都病倒过,但是他们都坚忍着病痛坚持钻完最后一米,没有一个人给项目拖后腿。

面对如此的艰险,为了做好该项目的地质勘察工作,项目部勘察技术人员和钻探工人们始终驻守工地一线,放弃节假日休息,在确保安全的前提下,全力以赴开展地质勘察工作,保证了这一民生工程的顺利进行。

在近 3 个月时间里,项目部的技术人员、机班工人和当地村民一起“溜索过江，命悬一线”“战天斗地，挑战极限”，他们不怕苦、不怕累、不惧危险，就是希望通过自己的辛劳工作，在不久的将来，溜索被安全便捷、高质量的现代化桥梁取代，让山不再险，水不再急，让祖祖辈辈依靠溜索出行的农牧民告别高原“孤岛”生活，走向更美好的明天。

扫码收听本文音频

甘白路上的新“愚公”（上）

民间传说中，苦于交通不便的愚公，年近九十岁时，决心铲平王屋、太行两座大山，开辟一条直通豫州南部的路。如今，在甘白路改建工程中，有一些新“愚公”，用同样的决心和毅力，铲平了建设过程中的一个又一个难题。

2012 年 10 月初，还带着国庆的喜悦，四川公路工程咨询监理公司甘白路代建管理团队（以下简称公司代建团队），踏上了甘孜藏族自治州这片美丽而又神秘的高原。他们此行不是去欣赏高原雪域美景，而是作为代表业主去行使项目管理职能，为甘孜交通建设和经济发展助力。

2012 年，随着“再筑天路、畅通甘孜”号角的吹响，四川省甘孜藏族自治州（以下简称甘孜州）为期 3 年的交通建设集中攻坚翻身仗打响。四川公路工程咨询监理公司积极支持甘孜州交通建设发展，承担了甘孜至白玉、白玉至岗托、色达至年龙（青海界）公路改建工程和亚丁至云南三江口（甘孜境）公路新（改）建工程 4 个项目的代建管理工作。

甘白路起于甘孜县南多乡呷拉，经卓达拉山、昌台区、安孜乡、麻绒乡、章都乡至白玉县建设镇，全长 214.653 公里，是连接国道 317 线、通往甘孜州州府康定和四川省省会成都的重要通道，也是甘孜州重要的经济干线。由于项目地处高山峡谷和高原地带，相对高差达 2000 米以上，平均海拔高度在 4000 米以上，全年冰冻期达 5 个月,近 100 公里处于无人区,160 余公里无移动通讯信号,加之滑坡、泥石流、崩塌、季节性冻土、路基冻融与翻浆、积雪、涎流冰(暗冰)等不良地质病害"齐聚",项目建设困难重重。雪上加霜的是,项目还面临协调难、投资紧、工期短三大难题。

面对这样一条难上加难的路,具有丰富公路建设监理经验的公司代建团队犹豫了。短暂的犹豫过后,这些在困难面前有着愚公般性格的汉子下定了决心:"来都来了,接了使命就得干,不能说一个不字,不管摆在面前的困难多大,都要一个个把它铲平。"

愚公移山尚要家人和邻居的帮助,且要"子子孙孙无穷尽"地干下去,公司代建团队这些新"愚公"自然也需要整个项目管理团队的支持和帮助。只有让整个项目指挥部有序、高效地运转起来,才能做到"人心齐、泰山移"。因此,公司代建团队首先结合现代工程管理模式的建构,对指挥部内设机构进行了合理优化整合,认真梳理修正每项工作要求和流程,完善了各项管理制度 15 余项,保证了各岗位职责具体明确,办事流程清晰,考核有据可依。

由于此次指挥部的成员大多为监理工程师,第一次从事代建管理工作,公司代建团队最担心的就是大家的思想不能及时转变,工作思路和方法还停留在以往监理工作的阶段。因此进场之初,公司代建团队每天组织进行思想教育课,让大家认识到代建工作与监理工作的不同,同时组织开展建设管理专业知识学习,帮助大家将监理工作经验应用到代建管理工作中,做好代建这个"大管家"。

都说干过监理的人,才能真正理解监理工作的辛苦与无奈,但是,监理却是项目推进的关键环节。公司代建团队提出了"三抓三打”:一抓监理队伍配置,打击履约能力差、不信守合同、不愿投入的监理企业;二抓监理的执行力度,打击不讲原则、“吃、拿、卡、要”人员;三抓监理实效,打击“豆腐渣”工程。公司代建团队之所以对待监理如此严格,是因为他们认为:“就是因为我们干过监理,深知监理的责任重大和监理不作为的危害,所以在甘白路改建工程中,才要严格要求监理,充分发挥监理在建设中的主导作用。”

扫码收听本文音频

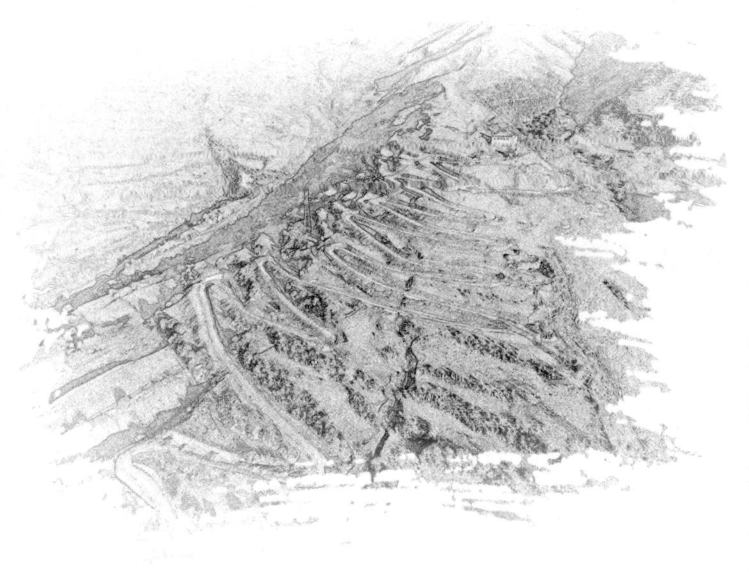

甘白路上的新“愚公”（下）

如果说摆在愚公面前的是两座有形的大山，摆在公司代建团队面前的却是三座无形的大山——协调难、投资紧、工期短。

甘白路改建项目地处民族自治地区，由于民族文化差异，与藏族同胞的沟通协调是第一个严峻考验。项目进场初期的两百多个日日夜夜，公司代建团队一次次奔波于泥泞山路，深入乡（镇）、村（社）100余次，反复向当地居民宣传党和政府的政策，耐心地进行劝说，请求当地老百姓对甘白路建设的理解与支持。短短几个月时间，他们磨破了几双鞋，穿烂了几套衣服。最终，当地乡亲们的心渐渐融化，不再提过分的要求，愿意配合解决建设中的各种问题。

铲平了第一座山，还有两座在等着公司代建团队。甘白路改建项目总概算投资14.95亿元，其中建安投资13.21亿元，算下来平均每公里造价不到630万元。在有限的项目概算控制下，既要改变甘白路原有道路建设标准低、通行能力低、路况差、平纵面线型差、弯多坡陡等诸多问题，还要有效处治滑坡、泥石流、崩塌、季节性冻土、路基冻融与翻浆、积雪，涎流冰（暗冰）等高原特殊路基、不良地质病害，再加上在山高路远的高原地区，人工、材料、运输等各项成本都相对较高，他们真切体会到了什么叫巧妇难为无米之炊。怎么办？概算投资是不可能再追加了，那就只有一个办法：在保证质量和安全的前提下，尽量节约成本。

像个会过日子的巧媳妇，每个建设环节，公司代建团队都绞尽脑汁，思考研究更有效同时更节省成本的办法。每天，大多数时间他们都驻扎在施工现场，一边加强对各标段的施工管理监控，一边研究图纸，查看实际情况，用自己扎实的专业知识和丰富的工作经验，提出了许多切合实际又有效的施工办法和变更，既保证了施工时间和质量，又节省了大量资金，同时也为开展病害治理创造了有利条件。比如，面对高原极寒季节对水泥浆砌工程冻胀破坏问题，他们建议把浆砌的排水沟改为土沟，把浆砌挡防工程改成干砌的钎丝石笼防护，这样既不影响使用功效，又提高了使用寿命。

除此之外，还要面对的是高原地区非常短暂的有效施工期。每年的 10 月至次年 3 月，高原地区就进入了严寒季节，项目沿线平均最低气温达到零下 20 摄氏度。特别是 2013 年项目进入施工高峰期后，高原地区恶劣的季风气候给工程建设带来了意想不到的困难，由于平均气温骤降到史上罕见的零下 30 摄氏度左右，指挥部之前准备的所有冬季施工措施，在这极端气温下均已经无济于事。面对严酷的现实环境，他们迅速调整计划安排：一是全部叫停外露工程施工，增加防护措施防止混凝土工程受冻破坏，隧道洞内工程增加保温措施，力争更多有效施工期；二是要求待工管理人员全部返回成都集中抓内业，作好资金支付保障；三是待工期间作好料源加工、外购材料储备，为来年复工做好准备。因准备充分，2014 年工程复工时，所有工作得到快速有效的开展，工程进度基本确保了按预期推进。

高原环境异常艰苦，海拔高，温差大，氧气稀薄，气候反复无常。即使遇到身体不适等各种原因，公司代建团队仍自始至终坚持战斗在甘白路改建项目建设现场。历经三年多的风雨，他们白头发增多了，白净的皮肤也变黑了、变糙了，但他们说："我从不后悔参加甘白路改建工程建设，'特别能吃苦、特别能战斗、特别能奉献'不是光说在嘴上，而是要付诸于行动，付出艰辛的努力。"2014年12月26日，甘孜州召开交通建设3年集中攻坚总结大会，甘白路改建项目在3年集中攻坚时期取得显著成效，得到了社会各界的认可。甘白路改建项目指挥部受到甘孜州州委、州政府的先进表彰，被评为"甘孜州交通建设三年(2012—2014)集中攻坚活动先进集体"。通过共同努力，他们为甘孜人民奉上了一条康庄大道。

对于取得的成绩，公司代建团队这些新时期的"愚公"这样说道："我们在工作上取得的点滴收获和成功，并不是哪一个人努力的结果，这里面离不开四川公路工程咨询监理公司这个坚强的后盾，也离不开公司领导的支持和信任，更离不开项目上各位与我们共同坚守的同事的密切配合。"

扫码收听本文音频

高山深谷　铸路精神

2015 年大年初九，四川省交通运输厅公路设计院“巴荣路”外业勘察工作项目部便进驻巴塘县竹巴笼乡现场，位于青藏高原，金沙江深切河谷地段。场地内沟谷纵横，山势嶙峋，气候多变，地质复杂，大部分属于自然保护区内，人烟稀少，通讯困难。勘察项目部便在此高山深谷之中，开始了漫长而艰辛的外业工作。

金沙江河谷深切，两岸山势有如被尖刀劈砍出来一般，陡峭异常，坡度几乎都在 30 度以上，近直立的地方不在少数，高山仰止莫过于此。路线从起点至终点，逐渐从山脚攀上山腰，最高处相对于山脚的高差超过了 100 米。金沙江河谷的气候变化非常快，初春时节，河谷内每到午后狂风不止，风力之大甚至让尚未完工的高压电塔都被摧毁。入夏以来，疾风骤雨更是家常便饭，偶尔还会有冰雹袭来。一个小时之内便可以经历风雨晴天的变化，山间气候多变可见一斑。坡度陡，高差大，用水难，气候怪，在这样的条件下开展钻探工作，在设计院过往的外业工作中，实属罕见。

山坡上没有路，就开路；场地内没有水，就从金沙江抽水；地无三尺平，就搭架管，修堡坎。所有的困难都没有拦住外业工作的推进，在金沙江边，高坡陡坎之上，立起了一个又一个井架。项目部经理张肖，原本 160 斤的强壮小伙，愣是“成功减肥 20 斤”，还不时摸着肚子开玩笑：“瞧这身材瘦得，回去还得大补啊。”项目成员金鋆,成天日晒雨淋,迎忙着整理资料,黝黑干燥的皮肤,凌乱的头发和满下巴的胡茬,活脱脱一个当地的原住民,和本来的那位帅哥可是天差地别。

“都说有女莫嫁地质郎,一年到头守空房。”是啊,谁不留恋花前月下,谁不向往灯红酒绿,谁不期盼天伦之乐,但他们却告别自己的妻儿,踏上了这荒无人烟的崇山峻岭。张肖和金鋆初上工地时,他们的孩子都还小,等他们回来时,张肖的女儿竟只是怯怯看了看这个“陌生的爸爸”,不敢叫他而跑向妈妈,只留下他暗暗地心酸;金鋆的女儿从刚刚蹒跚学步,也已经步伐稳健了,他遗憾地错过了陪伴女儿的第一次学步,还有金鋆的外公不幸过世,他也没在家多耽搁一下,强忍悲痛,毅然再次返回工作第一线,全身心地投入到地质勘察工作中。他们用辛劳和汗水,换来最宝贵最基础的第一手地质资料,为这条出川进滇入藏达边的重要通道建设,提供了重要的基础保障。

就是这样日复一日,从初春的严寒与狂风到盛夏的酷暑与骤雨,时节更迭没有消磨掉他们的意志,反而见证了四川交通地质勘察人克服的一个又一个困难,越过的一座又一座山岭。他们用实际行动在高山深谷之中,彰显铸路精神!

扫码收听本文音频

精准扶贫　修路先行

金秋，一场秋雨之后，陈沟村家家门前的桂花争相绽放，浓浓的香味在村舍里巷恣肆荡漾，雨后的青山，青翠欲滴。陈沟村，位于四川省成都市邛崃市水口镇。如今的陈沟村，正在经历一次蜕变，逐步蜕变成“最美”“最富”的新农村示范村。

在成都，陈沟村一直小有名气，过去出名，是因为“穷”。该村经济缺乏主导产业带动，同时传统农业效益低下。耕地虽多，却因为沟壑纵横的复杂地形、贫瘠且分布零散的土地，无法供现代机械作业形成规模种植，最为主要的是大型机械设备及农资运输都进不来，农产品的耕种技术和质量很难达到一个高标准，对外来投资商缺乏吸引力。每年到了农产品应季销售季节，就是村民发愁的时候，农产品卖不出去，收入水平一直不能提高。“修路”成了村民最大的期盼，是陈沟村走上致富路的关键。说起陈沟村的“翻身记”，村民们会不约而同提到他们的扶贫第一书记贾山。2016 年至今，贾山一直驻扎在陈沟村，无数次担当了陈沟村脱贫致富的引路人。

群众利益无小事。群众的一桩桩“小事”，是构成国家、集体大事的“细胞”。小的“细胞”健康，大的“肌体”才会充满生机与活力。党的干部一定要时时刻刻把群众的冷暖和期盼挂在心上，落在行动上，真心诚意地为人民群众办实事、做好事、解难事。

2016 年 6 月 13 日上午，贾山辗转来到陈沟村，顾不上休息的他，立刻开始走访调研，一个月内，先后走访农户 600 余人次，对村民居住、生产、生活、收入等情况详细摸底调查,主动问询群众需求,深入了解陈沟村土地、农产品、地形风貌等村情现状。对村里的班子、党员队伍建设、农业开发、农民的种植养殖、外出务工经商、生活状况和民风民俗等一系列情况,都摸得一清二楚。

走访中,村里的张老伯告诉贾山:“只要把路修好,俺们村这些好东西就能拿车拉出去,人家那大的机器就能进地干活了,咱农民也就没那么累了,还能多卖些钱,那得有多好。”村里的老人目睹了村里的沧桑变化,唯一遗憾的就是村里至今未修通的断头路。俗话说得好,“要致富,先修路”,没有便捷的交通,想脱贫都难,在外的青年人,回家最头疼的就是坐车,就是有车了,每逢雨雪天气,也总提心吊胆。一个地方要脱贫致富,要长期稳定发展,要引进企业来投资建设,便捷的交通就显得极其重要。面对落后的公路交通状况和全村人民群众的殷切期盼,贾山把加强公路基础设施建设,尽快改善通行条件,提高通行质量,促进农业生产,作为本村脱贫攻坚的一项重要任务。

贾山紧抓通村公路项目建设契机,对接成都市交委、邛崃市相关部门等单位80余次,与村领导班子召开专题会议,认真研究公路建设事宜,把通村公路工程摆在突出位置,一方面制定规划,聘请专家精心进行线路规划设计,为项目实施提供详实资料数据;另一方面积极申请项目,多次同交通部门沟通联系,以锲而不舍的精神,积极向上争取公路建设项目立项,并加大资金投入力度,截至目前,筹措资金1200万余元。一年多时间内,全村共修建了14条扶贫道路,共计11.6公里,极大地方便了群众的生产生活。

基础设施的完善,有力地推动了产业发展,为村民生产生活带来极大方便，同时打开陈沟村生态农产品的销路。贾山一方面以“公司+合作社+农户”的方式，引导村民种植制种油菜；一方面结合陈沟村土壤、水质、气候特点，充分发挥党组织作用，积极整合资源，发展以“秋海椒”为特色的生态蔬菜农产品种植。同时，贾山积极联系成都市交委、金牛区卫计局和邛崃市政府办，多次开展农产品进机关活动，并积极对接了成都市益民菜市，初步签订了合作协议，为陈沟村农产品的销售扩大了市场，光种油菜一项，亩均增收800多元，初步测算能带动人均收入增加200多元。

路修好了，收入增加了，村里的整体面貌也好了，这几天陈沟村村民茶余饭后的谈资，就是这条路修得多么多么的好，对未来生活的盼头也足了。修筑的不仅是一条农村公路，更是一条早日脱贫致富的信心路，道路伸向的是远方，联结的却是近处，是党和政府联系群众的连心路，拉近了党群干群距离，为全村精准扶贫奠定了坚实的基础。打通的不仅是该村经济发展的“最后一公里”，更是干群关系的“最后一公里”。

扫码收听本文音频

绵阳涪江古渡的悠悠乡愁

早晨,柴油机动驳壳船的轰鸣声,打破了绵阳市三台县刘营镇涪江水面的寂静,开船摆渡的林军又开始了一天的工作。上午10点,过渡人扶老携幼,或骑着摩托车,或驾驶轿车,等待林军驾船来载他们渡江。家住刘营镇机坪村的王爱英说:“我小孙子要坐船去里程乡,到小姨婆家走人户嘛。一元钱一个人,坐船还是方便。”王爱英的丈夫说,如果不坐船,就得绕行绵三公路,骑电动车都要半个多小时,才能到里程乡亲戚家里,而坐船只要10来分钟时间。在船上值守安全的魏霞,是林军同事,她说:“最多的时候,每天有2000多人,近400多辆轿车、摩托车,坐我们开的船渡江,去涪江两岸办事。”平时坐船渡江的人每天也有200—300人。

在林军驾船靠岸等客人上船时,10岁的小学生伟伟羡慕地仰头瞧着林军胸前挂着的上岗证——“三类船长”。林军于1976年出生在三台县广华乡(今属潼川镇),1996年,他通过学习考试取得“三类船长”的上岗证,从此开始接过摆渡的机动驳壳船。2008年,因单位体制改革,林军以联营方式,成为刘营渡口的负责人。刘营渡口过往行人一直较多,这几年,林军自筹资金更新更换老旧渡船3艘,从软件、硬件等措施上,确保渡口安全营运,林军和刘营渡口,多次获得先进。

“刘营渡口是我市现存最大的渡口,已有70多年的历史,这个渡口把涪江两岸的刘营镇里程乡、争胜乡、老马乡、光辉乡相连接。”林军说。

清晨6点多，晨光熹微，丰谷古渡摆渡人黄朝炳和同伴张发聪，便早早起床来到码头。一座简易的候船亭，一条小小的渡船，在悠悠涪江之上，拉开了他们一天的摆渡生活。天亮而作，天黑而息，64岁的黄朝炳，日复一日地延续着几百年来丰谷渡口摆渡人留下的传统，这样的岁月，他已走过了40余年。黄朝炳最初开船的时候，丰谷码头门庭若市，尤其是到了逢场天，便有来自三台永明、白庙、中太及绵阳松桠、小枧及丰谷的数千人渡江。

绵阳地方史料记载，明清两代，丰谷镇盐业发达，水运繁华，水面宽阔，所有南下、北上的商船抵达后，都会在这里停靠。丰谷渡口，连接丰谷、松垭、永明三地，始建于清同治元年。几经发展，到了1952年时有船9只，渡工18人。那时，平武、北川的茶叶、山货走水路运到丰谷码头后，再从这里运往重庆、遂宁，那时候的丰谷码头，每晚都有两三百艘船只在丰谷的涪江码头歇脚。

涪江全长911公里，绵阳境内418公里，从平武到三台一段段涪江有上百个渡口。如今，大多数古渡口已无影无踪，但发生在渡口的故事还在流传。

"1956年，我和另外60人一同坐火车到绵阳参加工作时，就直奔北河渡口，往河对面的三医院去，我在那里工作。"市三医院的退休医生王元炳说，当晚因火车晚点，天黑之后北河渡口封渡，他们只得在成绵旅馆住了一夜。当年绵阳北河渡口是川陕公路必经之地，只能由木船摆渡。冬季枯水时，北河渡口在如今东方红大桥上游约100多米处；夏季涨水时，北河渡口又在东方红大桥下游200米处。20世纪50年代，宝成铁路通车后，各地煤炭、水泥、化肥、农药等物资通过铁路运至绵阳，再装船沿涪江运至三台遂宁方向，北河渡口逐渐成为涪江最大的物资起运渡口。直到

1967年,东方红大桥建成通行,北河渡口才结束了历史使命。

王元炳老人说:“绵阳涪江由渡船过渡,到建一桥、二桥、三桥、一号桥等等,这是绵阳几十年经济发展和市政建设的一个缩影,是党和政府带给群众的实惠。”其中位于涪城区青年广场外河堤的三江湖码头,于2016年国庆节建成,成为绵阳新的文化地标。

现在,涪江上架起了座座桥梁,渡口、渡船、摆渡人,离我们的生活越来越远,但像林军和黄朝炳这样的摆渡人,依然日复一日地恪尽职守,方便着群众的生活,也为现代人留存着一份宝贵的记忆。

扫码收听本文音频

普法达人是怎样炼成的

已是寒冬深夜，终于加班忙完手头的工作，路过法制科门口，灯依然亮着，里面坐着熟悉的身影，他就是成都市交通运输行政执法总队法制科工作人员王学强。

“学强老师，不好意思，看您白天忙，不知现在有空没，遇到个执法工作中的疑问想咨询您一下”“没关系，你先说……”这样的答疑解惑、工作探讨，我已请教过学强老师无数次，几百名执法队员，无论谁在工作中遇到疑问向王学强请教时，他都耐心细致地解答，所以，大家都亲切地称他为“学强老师”。

俗话说“打铁还要自身硬”。王学强成为执法总队的“学强老师”“法律专家”“普法达人”，不是一蹴而就的，他参加工作 29 年来，始终保持孜孜不倦的学习态度和不断求索的钻研精神，成为了兼具理论与实践的交通运输行业法律专家，特别是成为交通综合执法改革的第一批执法人后，更是认真学习、探研了与交通执法工作有关的所有法律条文，从《中华人民共和国行政处罚法》《中华人民共和国行政强制法》等相关法律，交通部《道路货物运输及站场管理规定》《道路旅客运输及客运站管理规定》等法规、部令，四川省相关规章、办法及成都市相关条例等，粗略统计 50 余部法条，均能熟练运用于一线执法工作之中。

“师者，所以传道授业解惑也。”王学强不仅对自己要求高，坚持学习，不断提升工作能力，更是积极发挥传帮带的模范带头作用，为成都市交通运输行业培养了众多执法骨干，每年通过执法培训、专项业务培训，为执法队员传授一线执法经验，解答实际操作中的常见问题，共享法制工作中的所学所思所想。十年来，共计参与培训60余次，培训执法队员3000余人次。

作为公认的“办案能手”，10万余起案件（含投诉）的实战，练就了王学强的办案硬功夫。从业以来，王学强办理多起疑难案件，如成都市巡游出租汽车更改计价设施设备第一案、成都市网络预约出租汽车第一行政处罚案等案件，在案件办理过程中，王学强不卖人情、铁面无私、庖丁解牛，从海量数据中寻找证据，从蛛丝马迹中发现线索，对违法者依法处理，护航交通运输行业秩序，成为交通运输违法者的“克星”。

王学强说过：“行政处罚是法律制裁的一种形式，它兼有惩戒与教育的双重功能。处罚不是目的，而是一种手段，是通过处罚达到教育的目的。”王学强在办理案件过程中，坚持教育与处罚相结合，通过向行政相对人普及法律知识，让其不再发生违法行为，避免造成不良后果。同时，在工作之余，主动深入交通运输企业，以案说法，对交通运输从业人员耐心宣传，解释法律法规，让他们明白交通运输过程中的违法行为可能带来的危害，从而自觉遵守相关规定，规范经营，安全运输。从业以来，共计开展普法活动100余次，培训从业人员3万余人次，王学强早已成为交通运输从业者们口口称道的“学强老师”。

29年来，交通运输执法的风雨锤炼，王学强始终坚信一个案例就是一张法制名片，一次处罚就是一纸法制宣传单，一番教育引领一股从善清流。2017 年底，王学强荣获成都市“十大法治人物”提名奖。

扫码收听本文音频

群众利益无小事　件件要落实

杨安川现任北川路政管理大队中队长，因为是20世纪90年代的大学生，又在专业技术岗位上工作过，所以我们大队同志都亲切地称呼他为杨老师。自精准扶贫工作开展以来，2017年4月按照局统一安排，杨老师立即安排好手上工作，及时到小坝镇茅岭村逐户摸底调查，具体联系3家贫困户和6家非贫困户，了解联系户的具体情况，认真扎实开展对标补短、宣传扶贫政策、切实为联系户答疑解困，认真研判并及时反映个人不能解决的问题。

俗话说群众利益无小事，件件要落实，这便是杨老师扶贫期间时常挂在嘴边的一句话。

从4月到12月，驻村帮扶工作经历了酷暑严寒，条件也很艰苦。为了做到帮扶对象精准化，底数清、问题清、对策清、责任清、任务清，走访工作组经常处于超负荷运转状态。尤其是杨老师，白天奔波在贫困户和非贫困户之间走访了解、协调工作、宣传扶贫政策、检查两改两建工程进度、安抚部分群众情绪，晚上还要与第一书记、驻村干部、分管领导等汇总当天的工作，反复酝酿帮扶方案，所以饮食不能定时，作息时间也保证不了。9月份杨老师右上腹突然开始痛，大家好说歹说把他劝下来检查，他第二天就又上来了，一问才知道检查出来是胆结石，医生让住院手术。他因为担心危房改造、“两改两建”关键期，村里很多项目要争取、建设，有腹痛大不了再扛一扛、忍一忍，等到省检结束再去医院。11月25日白天，和他同宿舍的同事说连续几晚都能听到杨老师腹痛难忍的低声呻吟,晚上不停地翻身已无法好好入睡。我们一提,他就说茅岭村离县城 70 多公里,上山下山太麻烦,先把联系户的入户路纠纷问题解决了,实在忍不住,就去山下乡卫生院让医生打一支杜冷丁。

原来十几年前,茅岭村村民罗义富为了自家出行方便想修条路,就与同村的王正国协商,以 150 斤粮置换修路土地。后因村上道路由集体修建而没置换成,事后王正国便在罗义富想修路的那块地里种上了庄稼,导致自己行车过路需要绕行,极不方便,从而遗留下了矛盾。王正国一说到这个事,言语就很激烈。杨老师考虑到扶贫入户路政策好,矛盾进一步激化肯定会导致政策无法落到实处。他那段时间天天到村里,和村组干部、附近群众聊天,深入了解个中原委,然后既要安抚罗义富的情绪,又要积极正面地和王正国交流。从包产到户聊到现在的日常生活,总算将罗义富和王正国说服,化干戈为玉帛,确保扶贫政策享受不落一人。

省检前期需要定期跟进、督查、宣传的工作量较大,杨老师就靠乡卫生院打的杜冷丁把疼痛压住,我们既担心又忍不住和他开玩笑:“杨老师,你不要扶贫工作结束了,把‘毒瘾’惹上了哦,你干脆请假下山回去把手术做了吧,不要让家里担心。”杨老师不多言语,摆摆手继续奔走。我们知道长期驻村,经常“两眼一睁,忙到熄灯”,根本无法照顾到家庭。他儿子今年 6 岁,是地震后出生的。2017 年 10 月份,孩子高烧导致肺炎在绵阳中心医院住院,杨老师一直没时间去看望,那段时间走访完毕,杨老师就在一边打电话,听他满是愧疚地安抚嫂子,询问儿子病情。我们这些同事看在眼里,心里都知道,他其实一直记挂着生病的儿子呢,嫂子打电话抱怨哭诉的时候,他怎么可能不担心不心疼。但正值扶贫关键时期,杨老师说嫂子能照顾好家里,毅然选择了顾全大局。

经过前期的努力,扶贫工作任务基本完成。12 月 3 日杨老师再次腹痛剧烈,在家人的最后通牒下,才到县医院办理入院动手术。

等到省检顺利结束后,我们去医院看望他,杨老师还插着导尿管,躺在病床上动也不能动,脸色煞白。然而他看到我们,问的第一件事还是扶贫。我们都奇怪,怎么一个胆结石手术把人弄得如此消瘦?陪护在一边的嫂子才告诉我们,原本只需要一两个小时的微创手术,做了整整 5 个小时。家里人以为杨老师在手术室出意外了,后来才知道是因为拖得时间太久,腹腔胆囊化脓粘连,必须开刀,导致伤了元气,所以恢复得很慢。好在,扶贫工作暂时有一个圆满的收尾,杨老师也算劫后余生。

在脱贫攻坚的这条道路上,杨安川履职尽责,发挥作用,用真心换真情,用实干赢信任,时时刻刻做好自己的分内事,克服工作和家庭的种种困难,认真战斗在脱贫攻坚第一线,为打赢脱贫攻坚贡献了自己的力量。

扫码收听本文音频

人民交通为人民　砥砺奋进新征程

人民交通为人民，人民永远在心中。2008年汶川地震危难之际，成都交通人用血肉之躯，打通了一个个灾区孤岛，路没了、桥段了，还有我们誓死保卫生命线！而今天，当我在思考交通情怀，思考这是一支什么样的队伍、他们拥有什么样的信仰、这是一股什么样的力量时，一个80后的湖北妹子最先给了我答案。她参与了成都中心城区400多条公交线路的设计，通过大量跑现场、看路网，问需求、听民意，10年跑完城区大街小巷，站点周围3000公里的道路都留下了她的足迹；虽然也常碰壁、屡受阻，她仍然坚持实地勘察路线，有效减少了公交服务盲区，用心为市民搭建方便路。她就是成都公交规划的领头人——刘芳。作为一名交通人，她把群众的需要，当成自己义不容辞的责任！

凌晨5点的风景，对于田勇来说，再熟悉不过。当人们还沉浸在梦乡，他早已穿上制服、带上装备坚守在执法一线。为保障车辆的营运安全，他要带领同事，规范客运班车、打击非法营运、围堵克隆出租、排除安全隐患。作为转业军人，他说："在部队里穿着军装，守护的是国家疆土安全；转业到了地方穿上制服，维护的是人民的交通秩序，岗位不一样，但守护的对象从未改变！"

2018年春运能圆满收官，正是许许多多像刘芳、田勇这样的一线交通人的坚守和奉献，让短短40天的春运，平安运送旅客2.7亿人次。有了他们，高铁才能快速抵达，地铁才能安稳运行，大巴才能准时发出。是他们扮靓了回家的风景线，也温暖了旅客的春运路。

服务旅客，也分幕前幕后；砥砺奋进的交通人，也有方方面面。在人们享受着高铁风驰电掣带来的便利时，每天凌晨都有一列动车在轨道上默默地空载运行，车上机械师和技术员要对线路进行巡视检测，它们就是“扫雷先锋”！同样，对于石羊客运站“大巴医生”卢波来说，每天都要对百余辆客车进行耳听眼查，敲敲打打，9 类 27 项安全检测，绝不放过每一个细节。徐昕睿，作为双流机场指挥中心调度组长，无论是天气恶劣或面临各类突发状况，作为 90 后的他，每天都要调度近千架次的航班量，保障十多万人次流动。寒来暑往，春去冬来，还有很多这样的幕后英雄。这究竟是一支什么样的队伍？他们拥有什么样的信仰？这是一股什么样的力量？在反反复复叩问中，我们的心里都有了答案。

这是一个飞速发展的时代，也是一个温暖的时代。不管是通往车站的出租车，穿梭山间的高铁，还是驰骋高速的大巴，都因为我们交通人的为民初心，让所有交通参与者被有序地调动起来；是一代代交通人真诚为民的信仰，成为这个时代奋勇向前的力量！在这瞬息变化的今天，这些初心不变的坚守，更加显得弥足珍贵！

疾风知劲草，烈火见真金。作为年轻一代的交通人，我们更要不忘敬业之心，服务之心，实干之心，立足岗位，砥砺奋进；作为年轻一代的交通人，我们要接好这不平凡的接力棒，将工匠精神延续，一件事情接着一件事情办，一年接着一年干。

扫码收听本文音频

四川交通万人大转运:一场生命的接驳之旅（上）

2017年8月8日21时19分,四川九寨沟县发生7.0级地震。正值旅游旺季的九寨沟,数万人滞留,尤其是2万多的散客和外来务工人员,急需应急运力转运。灾区游客的安危,时刻牵动着四川交通人的心,一场阿坝、绵阳、成都的接驳运输就此展开。

在四川高速公路广甘高速公路四川省界站,救灾车辆免费通行。“终于平安到达了,谢谢你们。”8月11日凌晨2时30分,一位乘客安全抵达成都东站汽车客运站后激动地说。随着两辆应急客车33名乘客的抵达,全省调集应急运力大规模疏运灾区游客和群众的任务圆满完成。

据悉,此次全省应急调用620辆客车,开行1164辆次,采用接驳方式,累计疏散出九寨沟灾区2万余人(主要为散客和外来务工人员)。再加上旅游包车和自驾等其他转运方式,短短2天多时间,6万多滞留人员全部疏运完毕,堪称奇迹!

在这场转运“史诗巨制”中,滞留游客始终是人们关注的“主角”,而保证这场转运圆满落幕的,却是默默奉献的四川道路运输人,他们才是这场生命接驳之旅的“总导演”。为了确保游客快速、安全转运,他们一直在路上……

装满转运游客的接驳车准备离开。

“妈妈,我要给爸爸送安全帽。”当刚上幼儿园的小儿子得知龚锐正在平武转运前线奋战时,小小的他不由得为爸爸担心。

龚锐，绵阳市运管处客运科副科长。此时他还不知道儿子正在担心他，也没有时间想这些，巨大的转运压力让他透不过气来。

地震后，九寨沟县城—平武—绵阳—成都的九环线东线受地震影响较小，道路畅通，因此，这条线成为游客转运的重点。在转运的 2 万多人中，走这条通道的达 1.1 万人。为加快转运速度并确保安全，四川省交通运输厅运管局决定采取接驳运输的方式，在东环线，转运车辆首先到达平武客运站，简单休整后，游客再乘接驳车辆，分别前往绵阳平政客运站、成都东站汽车客运站和茶店子客运站。

平武一下成为这场大转运的中转枢纽，压力可想而知！8 月 9 日一大早，接到转运任务后，绵阳市运管处领导亲自带队紧急赶往平武客运站。

转运游客登上返城的应急车辆。从接到任务到把最后一批游客从平武客运站送走，龚锐和前线的同事们一样，三十多个小时几乎没合眼。“2008 年汶川地震的时候，我大儿子上幼儿园，这次地震是小儿子上幼儿园了。平时孩子都是我们夫妻自己在照顾，这两天实在忙不过来，请朋友去暂时照看下。”说到两个儿子，龚锐略微轻松的语气有点颤抖，“小儿子挺懂事的，这两天看着我没回来，就一直问妈妈，爸爸去哪儿了，知道我在做转运工作的时候，说要和我待在一起，还要给我送安全帽。”他笑了笑，欣慰的语气中又带了点遗憾。

为了急需转运的游客能早日回家与亲人团聚，龚锐与同事们将对家人的亏欠深深埋入心中，这是责任，更是使命。90 后李明，是绵阳市运管处的“小年轻”，8 月份刚刚领了结婚证，新婚的甜蜜还洋溢在脸上。8 月 9 日一早，刚结束夜班值守的他，还没来得及休息,便投入到转运工作中。“年轻人嘛,熬夜通宵不算什么,转运工作更重要。”李明有点腼腆地对记者说。在转运的空隙,他就在平武客运站调度室的沙发上打个盹。不一会,他又一个激灵惊醒问:“车到了吗?”

龚锐、李明毕竟都是年轻人,身体还顶得住,年龄大一点的身体都出现了“预警”。杜友国,平武县运管所副所长。“这是工作嘛,没啥可说的。”50 来岁的他是个“老运政”了,他表示自己只是做了分内之事。两鬓冒出来的银发、眼睛里的血丝、下巴上拉碴的胡须、说话时嘶哑的嗓音,显示出他格外疲惫。

8 月 9 日凌晨 1 时许,杜友国按照救援指示,调集 2 辆客车,运送民兵前往九寨沟灾区参与救援。凌晨 5 时许,杜友国下令全县班线停运,调集符合要求的 24 辆应急运力,车上准备好了食物、水、药品,等待第一批从九寨沟地震灾区转运出来的乘客。上午 11 时许,从灾区转运出的第一批 600 余名游客到达平武客运站,杜友国和同事们协助客运站做好后勤保障,30 分钟后,经过休整的游客在这里接驳,分别前往绵阳和成都。16 时 15 分,第一批转运游客平安到达成都东站汽车客运站。听到这个消息,杜友国悬着的心暂时放下了。

为了确保安全,平武客运站对应急指挥的运政执法人员进行编组,由专人带队,护送车队平安转运。

扫码收听本文音频

四川交通万人大转运:一场生命的接驳之旅（下）

“涂师傅,你好！我们已经到达成都。这几天感谢你的帮忙,让我们在突发的灾害面前免去了惊慌和迷茫。祝你工作顺利,阖家幸福!”这是一位名叫黄虹游客发给绵阳富临运业驾驶员涂志军的感谢短信。

地震发生时,涂志军正在九寨沟。他和同车导游一起,第一时间找齐了车上的21位游客,将他们带到酒店广场宽阔的地段。“当时真的没多想,就是想着这21个人一定不能出问题,一定要安全把他们带回去。”作为一名客车驾驶员,旅客生命至上一直是涂志军的职业操守。

涂志军带了21位游客进去,转运出来的,却是23位,多出来的两人是他“捡”上车的。原来,他们路遇了两位到九寨沟旅游的散客,“别怕,跟我走吧!”涂志军就这样把她们“捡”上了车。“她们曾经想给我钱,我拒绝了,带她们离开才是我该做的。”涂志军淡淡地说,他话锋一转,“但我回来的路上,看着一路的应急点,还有交通人的一路保障,我真的为四川骄傲,为我是交通人的一员骄傲!”

大转运能够这么迅速,参与其中的驾驶员功不可没。除了涂志军,千佛旅游运业有限责任公司驾驶员刘文武,在绵阳客车驾驶员的圈子中也很“出名”。地震来袭之时,刘文武和其他旅游大巴驾驶员一样,第一时间寻找自己的游客,并耐心安抚。8月9日凌晨2时，刘文武驾驶着旅游客车，开始由沟口向九寨沟县城艰难进发。短短40多公里路，他开了3个小时。沿途不时有塌方，刘文武利用车灯，时刻关注着山体，谨慎驾驶，终于在凌晨5时抵达九寨沟县城，并在下午14时抵达绵阳。

“作为驾驶员，转运旅客义不容辞，只要一声令下，我还会加入战斗！”刘文武的一句话，道出了所有驾驶员的心声。

8月12日开始，平武客运站陆续开始恢复客运班线，与前几日的人头攒动相比，显得有些冷清，作为日均运送旅客约1000人次的小站，这也许才是它应有的模样。

平武是个宁静的小城，全县人口不到20万，然而这里却是东环线距离震中九寨沟最近的县。从8月9日开始，一辆辆满载乘客的大巴车在这里进行接驳转运，去往绵阳和成都。9日凌晨到10日傍晚，平武客运站迎来了开站史上最多的车流量和人流量。人车的暴增，并没有让平武客运站变得混乱，在转运期间没有投诉事件发生，更没有安全事故发生。

“今年6月底，平武县运管所举行了一次不打招呼、无预案的应急演练，由于集结时间超过了要求，我们被狠狠批评了一顿。”平武客运站站长、通力运业龙州公司总经理王成感慨道，正是有了教训，这一次才能接承受如此大的考验。

8月8日23时，平武客运站就开始了忙碌起来，各项应急准备工作有序展开。龙州公司迅速集结运力24辆，随时待命。

除了准备应急运力外，客运站还面临一大难题，作为中转站，必须提供必要的生活保障。于是，8月9日清晨不到6点，平武客运站的三位普通员工——高梅，蒲敏，张菜华，便忙碌着熬粥、蒸馒头。从8月9日清晨到10日傍晚最后一批游客离开。平武客运站的馒头没有间断过，粥也从来没有凉过。很多乘客在接过热乎乎的稀饭时，眼泪“唰”地就流出来了。

在平武客运站为转运游客提供如家般服务的时候，成都的东站汽车客运站和茶店子客运站也在紧张的忙碌中。两个客运站24小时开启，专门设置转运旅客接待点和休息安置区，向旅客发放饮用水和食品，组织工作人员及志愿者有序引导旅客换乘飞机、铁路、地铁、公交和班线客运，同步打开多条安全出入通道，保证旅客有序安置和疏散。

一次转身、一次逆行，是“四川交通精神”最好的诠释。在抢通保通现场，在转运路上，在需要帮助的地方，处处都是交通人的身影，处处都是温暖的感动。

扫码收听本文音频

川藏路上这些可爱的勘察人

康巴大地，蓝天白云，碧草经幡，群山逶迤。川藏公路，东联天府之国，西结雪域高原，人员物资，川流不息，实为西部生存、发展、稳定之命脉。

东海公路，川藏公路之瓶颈，起于摄影天堂新都桥，穿三山，依峡谷，止于高原明珠。地质条件复杂，灾害频发，气候多变，高寒缺氧，地势险峻，改建勘测之艰，实属罕见。国道318线东俄洛至海子山段公路改建工程设计（简称“东海路”）是四川省交通运输厅公路设计院重庆分院首次接到环境如此复杂的勘测设计项目。

G318东海路是川藏公路的重要一段，是国家实施西部大开发战略8条干线公路之一，是成都至樟木口岸公路的重要组成部分。加快本项目的实施，在政治、经济、军事等方面均具有十分重要的意义，它对于完善藏区公路网、促进藏区经济跨越式发展；对于战略机动、战备保障、巩固西南边防、维护国家安全、维护社会稳定；对于加强民族团结、构建和谐社会；对于开发旅游资源等，都具有十分重要的作用。但本路段海拔高，气候条件恶劣，地形地质复杂，公路病害多，整体路况差，通行能力弱，外业勘测困难重重。

“九层之台，起于累土”，任何一条路、一座桥的修建，均起步于地形地质基础资料。为了获得第一手资料，外业勘察人员需奔走在山川大河之间，以莽莽荒野为伴，用生命去揭开复杂地质的神秘面纱,为道路设计建设奠定坚实的基础。

四川省交通运输厅公路设计院重庆分院的小伙子们接到任务,便做好了充分的准备,充满信心迎接这新的挑战。环境任务复杂我们不怕,怕只怕我们不敢面临挑战。在两个月的外业勘测工作中,院领导、分院管理层高度重视,设计人员们不畏艰险,迎难而上。克服复杂环境因素:天气突变、高寒缺氧、水土不服、康巴藏区这些问题考验的是意志;地形复杂、山高坡陡、地势陡峭等恶劣环境考验的是身体。为了保证工程进度,争分夺秒的开展工作,采集第一手可靠资料,顺利完成了此次艰巨任务。表现出了新时代交通寻路人的风貌,涌现出了一个又一个的感人故事:柳松同志新婚只请了两天假,便匆匆赶回工地,继续勘测任务;杨国超同志,妻子临产,仍坚守岗位。几乎所有的勘测人员在两个月的时间里都从未回过家,他们翻山越岭,累了,就在草地上休息一下;饿了,吃点干粮充饥;冷了,生一堆篝火烤烤。因为他们心中都有一份责任:圆满完成此次勘测任务,要体现出公路院年轻设计人员能吃苦,能挑重任的坚强决心。

东海外业,始见公路院人之责任心,无论生产后勤,皆以大局为重,精诚协作,同甘共苦,守规范,重质量,保进度,出精品,无愧筑路人之责。

项目施工过程中,重庆分院赵喜龙作为项目负责人及设计代表组组长常驻工地三年有余,新婚妻子的不理解,工作环境的艰苦、身体的不适都没有让他退缩,安抚家庭,认真工作。不管是泥石流、塌方抢险还是几十米的边坡,全部认真走遍每一个需要查勘的角落,确保每一个设计方案合理有效。原计划一年半的工期,由于现场灾害频发、地质条件复杂,项目完工用了三年时间,作为设计代表也在现场常驻了三年。面对家庭,妻子的产检没有陪伴,即使孩子降生也没有修满产假。

就这样,美丽的康巴藏区留下了他们的足迹,多年后,这里的人们依然会记得他们,感谢他们为美丽的家园修筑畅通道路做出贡献。洁白的哈达代表着康巴人的真挚情意,“扎西得勒!”是最真挚的祝福。

扫码收听本文音频

一生择一事

刘家顺,四川省交通运输厅公路设计院的教授级高工,勘察设计四分院总工程师,先后主持和参加省内外30余个高速公路及城市道路项目勘察设计和技术把关。近两年,雅康路、川九路、仁沐新、成都天府大道南、北延线、五环路等项目的勘察设计工作,他都主动挑起大梁,带领厅公路设计院年轻工程师完成一个又一个备受国家、省市关注的重难点项目,在推动四川交通突破发展的征程中奉献了自己的青春与年华。

让我们把镜头拉到刘家顺工作的一天,2018年3月12日深夜,刘家顺仍然在和五环路的项目人员开会仔细研究每个节点的方案,和往常一样跟大家讨论到很晚。其实旁人不知,这时的他心中已悲痛万分,因为他老母亲在老家去世的噩耗刚刚传来,所有亲人沉浸在悲痛中,只是他强忍心中悲怆继续坚持工作。负责的五环路马上要给业主、政府汇报方案,工作已经安排得非常满,他认为一刻都不能耽误,自古忠孝难两全,衡量过后,他像往常一样投入到开会、设计、讨论的日常工作中。众多同事第二天得知刘总的不幸,纷纷劝他快回家处理后事,刘家顺说:“母亲走了,心里是不好受,但是有家里人帮着料理,五环路的几个节点工作我还放不下,明天还要汇报,我必须坚持干完这几天的工作。”

直到他母亲去世后的第四天,他才离开办公室回家。

厅公路设计院的同事们被深深感动,纷纷点赞:“刘总在院十多年,我看到他每天都是晚上走得最晚的,周六周日我们都在休息，他还在办公室加班。”；“刘总所有的技术难题，找他准没错，博学多才，精益求精，跟他一起工作可以学到很多本领。”；“他从来不计较得失，一心扑在工作上，我从来没有见过这么敬业的人”……

谈到刘家顺，大家往往会提及他做的项目获得过国家和省部级设计奖；九寨沟地震时，他冒着生命危险奔赴震中制定抢通措施；灾后重建项目，他作为总负责人连续加班200天，项目方案得到部省领导高度肯定……对于工作和事业，他说："我热爱勘察设计工作，从未想过放弃，只有认真对待工作，精益求精，才能制定出更合理更完美的技术方案。”

刘家顺设计过的交通作品分布在山间和城市，形态各异，精彩多变，不变的是他对于工作保有的态度——谦逊、执着、勤奋、善学，选择一份工作，便要用心去对待。

刘家顺是四川交通行业中扎根一线设计工作的一员，是以实际行动诠释工匠专注的楷模。他以自己的实际行动，感染和教育着更多的年轻工程师加入到四川交通建设中来。

当今社会，我们需要留住手艺，更应当传承他这份匠心。

一生择一事，匠心永传承。

扫码收听本文音频

“无路花园”中的“寻路”传承

在被重重山峦包裹的大凉山深处,隐藏着一个以藏族为主体、多民族融合居住的自治县——木里藏族自治县。1924 年,美国探险家约瑟夫·洛克带着马帮第一次踏上这片土地时,就被其远离尘世的绝美仙境深深折服,称其为“上帝游览的花园”。

由于地形险恶、地势复杂,木里县仅有一条对外联系的干线公路——国道 227 线(原省道 216 线),它是木里人民输送生活物资的“生命线”。然而,这条“生命线”在 1961 年建成后的 40 余载中,西向至稻城段由于工程难度太大始终未能通车,木里县一度成为“无路花园”,“最后一条不通车的省道”也成为四川交通人的一块“心病”。

2002 年 5 月,省道 216 线(现国道 227 线)木里至稻城段前期工作启动。四川省交通运输厅公路规划勘察设计研究院综合交通规划分院的技术骨干们带着简陋的设备和干粮,第一次深入木里腹地进行外业勘测。一场艰苦程度让人难以想象的“寻路”之旅拉开了序幕:道路蜿蜒崎岖,他们成了马背上的“寻路人”;没有精细图纸,他们靠经验和意志摸索前行;沿途荒无人烟,他们干馍充饥、野果止渴;任务重工期紧,他们披星戴月、筚路蓝缕,老乡的牛棚是难得的避风港;山中匪寇猖獗,他们要时刻准备与队伍中的公安干警联合抗敌……

面对如此恶劣的环境和艰苦的条件,“寻路人”的决心和意志丝毫未被磨灭。为节省时间、缩短工期,在地形条件极其复杂的路段，他们毅然放弃马帮预定的路线，选择了一条鲜有人走的羊肠小道。一边是万丈深壑，一边是陡峭岩壁，脚下是不足一人宽湿滑泥泞的小径，勘测队员们克服巨大心理压力，一个接一个紧贴岩壁小心翼翼地前移，不知不觉早已汗流浃背。“当时那条路真的太危险了，稍不注意就要滚到崖下面去，而且还可能要把旁边的人也一起拉滚，可能只有十分钟的路程，但我们自己感觉走了好久好久。”参与那次勘测工作的赵工现在回想起来仍心有余悸。足足一个月的奋战，马匹不堪重负，途中累死一匹、累瞎一匹，勘测队员们也早已蓬头垢面、疲惫不堪，到达稻城县时，差点就被前来接应的同志当作是山里的土匪……

路漫漫其修远兮，四川交通人的脚步也从未停息。前辈们用汗水打通了大山的阻隔，结束了木里至稻城“山间铃响马帮来”的时代。十余年来，国道227线（原省道216线）在带动木里县经济发展方面发挥了重要作用。如今，随着生活条件改善，老乡们对于出行质量的要求越来越高，为响应全面建成小康社会的宏伟目标，加快推进交通精准扶贫工作，凉山州委州政府决定对这条寄托着木里人民全部希望的公路进行改造。

2017年9月，国道227线麦日至巴亨垭口段两阶段勘察设计工作启动。四川省交通运输厅公路规划勘察设计研究院综合交通规划分院牵头，带领10余位中青年技术骨干追寻着前辈们的脚步，再次深入木里腹地，传承“无路花园”中的“寻路”使命。相比十五年前，现在的装备、图纸更加齐全、先进、精准，但沿线地形地势依旧复杂险恶，勘测任务依然十分艰巨。近一个月的野外作业，勘测队员们冒着随时可能滚落的飞石，每天徒步行进30余公里，攀登数百米高的陡崖，行经绵延数十公里的无人区，穿行在海拔 4000 多米的崇山峻岭。为保证工期进度，他们在异常艰苦的条件下，克服难以想象的重重困难，赶在大雪封山前完成了所有外业工作，谱写出“踏山在脚下，寻路向前方”的壮丽诗篇。

匠人，择一事，终一生。从 2002 到 2017，十五年，同一条路，凝聚了两代交通人的心血，记录了他们在“无路花园”中的“寻路”传承。高路入云端，天堑变通途，一代代“寻路人”担当有为、薪火相传，面对艰苦恶劣的环境，不畏艰险、迎难而上，充分弘扬了四川交通人精益求精的“工匠精神”和从一而终的“钉钉子”精神。

扫码收听本文音频

为交通扶贫干部喝彩

我叫付敏，老家在海拔1380米的平武县平通镇椒子山村。从小就听大人们传唱“生在椒子山，命运交由天，吃饭跑趟子，屙屎卷旱烟；晚上推腰磨，早晨抢水担；儿女留不住，他乡结姻缘”的歌谣。2008年“5·12”特大地震的断裂带从我们山脚下穿过，为了我们这一代不再爬山，祖辈们劝我父母将住房重建在相对高差低于老家600余米的九寨环线公路附近。3年前，我考上了大学，寒暑假都是来去匆匆，没有上山到爷爷奶奶和外公外婆家去。

2014年椒子山被评定为贫困村，我外公外婆也被评为贫困户。去年底，我回到平通镇政府实习，有了与镇干部一起到村工作的时间，我有机会顺便回老家了。

当我坐车回到椒子山，村里的变化让我吃惊，宽阔的水泥路通到了家家户户门前；联网公路四通八达；所有的院坝都已硬化；每户人家的住房焕然一新；村委会、文化室、卫生室、文化墙、活动广场样样齐全；自来水、网络、广播电视全都通；村里还建起了农家乐；村民们个个扬眉吐气；到处环境优美。真是：“今日椒子山，景象已巨变，民居环境好，果蔬食物鲜；朝霞接暮景，酷暑如春天；公路通各户，游人不思还”。

通过进一步了解，得知起关键作用的一个人，就是平武县交通运输局交通战备办主任兼海事处长的雷通全。50多岁的他,2015 年主动申请到这里担任第一书记,吃住在村委会,正如他日志中写的“……昼同干群搞发展,夜伴孤灯作文章;寂静深院无声息,鸡鸣时分上冷床”那样,白天与村民一道做规划,搞项目,晚上填表格、做资料。几年来,他共争取资金 1200 余万元,新建、改建了 12 公里通村公路、近 8 公里通社、入户公路、5 公里多旅游、产业联网路;改造了村民的住房、厕所、厨房、庭院;村里建起了蜜蜂园,村集体收入增加;帮助村民在镇政府等地办事更是家常便饭;他还自己花钱经常给老年村民买衣服、鞋子、手机、酒等物品。为鼓励村民发展产业,在村民中评选“脱贫之星”和“致富之星”,从他单位争取资金数万元给获奖村民发奖。他不仅工作扎实,而且脱贫攻坚档案资料也是全县的样板。雷书记 3 年没有公休过,法定假日也被用来扶贫,2017 年除去单位必要的业务工作外,仅在村里的工作日就达 254 天。他年年被市、县评为“优秀第一书记”。

2017 年底,椒子山村虽然已“零问题”通过市级贫困村退出摘帽验收。但是雷书记仍然天天在村里忙,又提出了“脱贫摘帽非目标,发展产业更重要,乡村振兴起好步,农旅融合创新高”目标,并制定了农业产业发展规划,村合作社从村民手中流转了 200 多亩土地,与企业合作种植中药材和反季节蔬菜。村民们不仅有了稳定的土地出让金收入,而且还村内务工领工资。他要求村民 2018 年“戊戌不务虚,齐心创第一”,为实现“美丽山村人向往,共同富裕达小康”不懈努力。

中共四川省委组织部《党课》2018 年第一期登载了他的部分事迹。村民们说:我们村里的、个人的任何事情雷书记都主动帮我们办，他把这里当成了家，他不在村里的时候我们就不习惯，他才是电视连续剧《索玛花开》中真正的“王敏”。

扫码收听本文音频

一封写在作业本上的感谢信

今天的故事要从一封感谢信讲起,这里面包含着交通运输执法队员的无私奉献、包含着受助小朋友的真挚感谢,包含着改变一生的力量。

“尊敬的成都市交通运输行政执法总队五大队的各位叔叔阿姨,您们好,我是成都市双水小学三年级的学生谢如意,在这里我想送上我最真挚的感激之情,感谢您们多年来对我和妈妈的无私资助。过去的几年里我们家遭遇到前所未有的困难,是您们及时捧出一片爱心,给我和妈妈无微不至的关心和帮助,把阳光和希望带到了我们身旁,让我可以好好学习,用知识来改变未来的人生道路,您们的爱心让我感受到社会的温暖,我一定会更加努力、好好学习、回报社会……谢如意 2017 年 5 月 23 日”。

2017 年 6 月 30 日,五大队执法队员如往常一样到困难户林才香家中慰问,林才香 9 岁的女儿谢如意双手捧着一封写在作业本上的感谢信给执法队员,信上呈现着稚嫩而工整的字迹,字里行间表达了一个 9 岁小女孩对五大队全体执法队员最真挚的感激之情。

故事要追溯到 2015 年 4 月,时任五大队大队长的陶清元同志在例行走访社区活动中,从成都市成华区双水碾街道办事处得知,家住成华区双水碾村 4 组 87 号的林才香家庭十分困难,她本人与丈夫离异又无工作,其女儿患有哮喘疾病,需要大笔医疗费,仅靠低保生活，入不敷出，更何况还要承担其女儿的治疗费用。了解情况后，陶清元同志在五大队党支部召开党员大会时，向全体党员介绍了林才香的家庭情况，经讨论，全体党员决定于当月起开展对林才香家庭的定向帮扶，并倡导设立“爱心基金”，每位党员从每月工资里拿出力所能及的爱心捐款，用以资助林才香和谢如意小朋友的生活、治病等。

后来，在五大队党员同志的带领下，五大队的普通执法队员也纷纷响应号召，加入“爱心基金”团队，形成全体队员每月一捐的制度，大队每月都能筹集 800 至 1000 余元的爱心捐款，风雨无阻地准时送到林才香家中。几年来，大队的领导更换了，执法队员走了一茬又来了一茬，但对林才香一家的帮扶从未间断，截至目前，五大队共计送去 3 万余元爱心捐款。

2015 年底，林才香在街道办事处和五大队的帮助下，找到一份时间上相对灵活的工作，既可以增加收入，又方便照顾孩子，改善了家庭状况，生活日益好转，谢如意小朋友的病情也基本得到了控制。

物质上的帮助，的确能暂时解决一些生活困难，但只有精神上的抚慰才能让一个人从困境中走出来，勇敢地面对今后的生活。五大队执法队员下班后经常上门帮扶，主动关心谢如意小朋友的生活和学习，还积极协调学校，让她在校园生活中得到老师、同学更多的帮助关爱，并联合青年志愿者对她进行心理疏导，让她保持积极、乐观、向上的心态。通过几年的努力，谢如意小朋友更加自信开朗，学习成绩显著提高，多次获得班级奖励，脸上绽放出久违的笑容。

五大队全体执法队员平日里辛勤工作，“打非治违”，坚守一线执法岗位,确保辖区交通运输市场秩序井然。工作之余,他们依然主动承担社会责任,奉献爱心,助力精准扶贫,传递公益爱心正能量。

扫码收听本文音频

一颗热心待乘客

“请哪位年轻人给这位老大爷让个座，谢谢。”唐坤明娴熟地驾驶着5路公交车，并照顾着老弱病残孕乘客。对于火车站一些提有重物的乘客，唐坤明还上前帮忙。

唐坤明告诉笔者：“城市公共交通是社会服务性行业，本质就是为广大群众服好务。作为一名遂宁市公交车驾驶员，对乘客笑迎送往，是基本工作。我坚持干一行就要爱一行，要干就干好。目前我在机动车队，4路、5路、202路都在跑。”

唐坤明始终坚持“礼貌待客、文明服务”。对个别无理取闹的乘客，他总结出这样的经验：你急我慢、你争我忍、你怒我息。一次在市城区和平路站，语音报站器提醒乘客已到站，乘客也相继下了车。当车驶出站台50米时，却有一乘客大声喊着要下车，唐坤明给他解释说公共汽车不能在非站点上下乘客，请他下一站下。那乘客却不依不饶，而且对唐坤明恶语相向，甚至冲到唐坤明面前，强行要求停车。唐坤明依然不愠不怒，平稳驾驶。最后，车内其他乘客实在看不下去，纷纷谴责那名无理取闹的乘客，事态才得以平息。年近七旬的张大爷说：“我行动不方便，每次坐唐师傅的车，他都会来搀扶我，并为我找好座位。”做生意的刘大姐说：“我每周都要到南津桥农贸市场进货，乘唐师傅的车，他会主动帮我搬东西，我们都成老熟人了，有时给他送个果子什么的，他还从不接受。”市公交公司公交车经营管理部负责人蒋义荣告诉记者，唐坤明自创了“三勤（脑勤、眼勤、手勤）三稳（停车、起步、转弯稳)”工作法,19 年来,他做到了服务零纠纷,有效投诉零纪录。

一直以来,唐坤明坚持钻研业务,不断提高自身的驾驶水平。多年来,他以其精湛的驾驶技术,丰富的业务理论水平,不仅创造了 140 万公里无安全行车事故的记录,还创造了 140 万公里行车无交通违章的纪录。

“坐在唐师傅车上就是稳,很少有晃动,几乎没有踩急刹车的现象”,坐惯了唐坤明的车的乘客大多这样说。唐坤明经常说的一句话就是“安全无小事,马达一响,集中思想,车轮一动,想到群众,让市民乘安全、放心车是我的职责”。他是这样说的,也是这样做的。

19 年前,唐坤明刚进入市公交公司不久,因近 20 米的铰接车车辆又笨又长,操作难度大、安全系数低,所以无人愿意开,唐坤明主动请缨,接下了驾驶铰接车的任务。为了开好铰接车,他每天总是第一个上班,最后一个下班,用了不到 2 个月时间,便娴熟地掌握了铰接车驾驶技术。

走进唐坤明驾驶的公交车车厢,第一感觉就是干净。为给乘客提供一个干净、温馨、舒适的乘车环境,唐坤明长期坚持每天提前 20 分钟到班,认真检查车内设施设备,车辆状况是否完好,座椅是否松动,扶手是否牢固等,然后再擦拭门窗、玻璃,清扫卫生死角。营运时,除适时提醒乘客注意保护车内环境卫生外,每到两边终点站,他都要将车内卫生再清扫一遍。

他还利用休息时间,自己出资自制和发明了省时省力的洗车刷、垃圾桶清洗器、车辆轮毂清洗架,并充分利用在实际工作中。

唐坤明不仅工作认真负责,还关爱社会弱势群体。2015 年大年初三，唐坤明到船山区唐家乡敬老院看望、慰问老人，还为25位孤寡老人送去每人100元的爱心款。

多年来，唐坤明30余次被公司、省市等评为优秀共产党员、先进工作者等，2009—2014年，他还被中华全国总工会授予“工人先锋号”称号。2015年6月被评为全国交通系统劳动模范。这些数据见证了这个公交人数年如一日对公交事业的执着热爱和无私奉献。

扫码收听本文音频

奋战雪域的“模范夫妻”

高耸在川西高原甘孜州、青藏高原东南缘的雀儿山是康藏交通的要塞，石峰嶙峋、冰雪皑皑，当地有“爬上雀儿山，鞭子打着天”之说。雀儿山川藏公路是四川最高的公路垭口（海拔 4889 米）、川藏公路上的著名险关，而雀儿山隧道项目工程使天堑变通途。这一世界海拔最高公路特长隧道的建成通车是四川省交通基础设施跨越发展的一个缩影，是万千交通工作者智慧与勤劳的结晶。四川省交通运输厅公路设计院的胡林寿与王珺夫妇是雀儿山隧道项目工程团队中平凡又不平凡的两位。

2012 年 7 月，胡林寿接到领导任命他总负责雀儿山隧道项目的电话，此时妻子王珺正承受丧父之痛、又因悲伤过度刚刚小产。但他安慰妻子情绪同时，毅然接下了这个艰巨的任务。他知道如果面对同样的选择，妻子也一定会做出同样的决定。果然妻子在第一时间给予了他全部的支持与鼓励。2012 年 8 月，胡林寿上山负责试验室进场工作。2013 年，国道 317 线俄岗段公路改建工程项目中标，经综合考虑安排，王珺也加入项目，一人的坚守变成了两人。4 年将近 1500 个日日夜夜，不仅工作繁忙容不得丝毫懈怠，头痛失眠等高原反应也时时困扰，但他们用强大的责任心和彼此的鼓励支持克服了所有的困难。在两次全线综合评比中，国道 317 线 GS3 监理试验室获得第一名，王珺两次被评为优秀试验室主任，胡林寿两次被评为优秀试验检测工程师。

2014 年初，王珺怀上了宝宝，本着对妻子的疼爱和对孩子的负责,胡林寿想让王珺申请暂回单位总部工作。但王珺坚决反对,项目正处于施工高峰期。就这样,直到怀孕近 9 个月,王珺才回成都待产,但长期高原生活使她突发严重的妊娠高血压。整整输液五天后,王珺在 9 月 18 日剖腹产下宝宝,比预产期提前了一个月。宝宝一出生就进了保温箱,而王珺在 4 个小时的手术后才脱离危险。主治医生说她在用生命做赌注,而王珺却幽默地笑称自己赢得了母子平安。刚可以坐起来,王珺就开始处理项目上的文件资料,家人看着她一手拿毛巾擦汗一手拿鼠标,刚放下宝宝又拿起电脑的样子总忍不住默默流泪。考虑到项目进入施工关键期,刚出月子的王珺就投入到工作一线,对宝宝的深深想念也只有靠每月回家时匆匆陪伴。她乐观地鼓励自己和丈夫,只要项目顺利通车,一家人就可以长时间相聚,这也成为了夫妇俩更加认真工作的动力。

在既无天时也无地利的艰苦工作环境中,雀儿山隧道 QS1 监理试验室主任胡林寿作为项目的主心骨,深深懂得“人和”是圆满完成项目的核心,因此,他从未在工作中喊过苦叫过累,一直以积极向上的乐观态度面对大家。10 多年来 6 个项目穿山越岭的摸爬滚打,让他对“博爱、团结、团队”这一精神的重要性有发自内心的认同,他总以老大哥的身份在团队中带动鼓励每一位同志。他常说,大家在一起的时间比跟家人待的还要多,要珍惜这种感情。在他的努力下,一批能够奋战高原、不畏艰险、团结合作的试验检测团队应运而生。从 G317 项目 GS3、QS1 试验室走出去的试验检测人员在各个项目上也不落人后,部分人员还成为了项目技术骨干。

这对可以称作“雪域模范夫妻”的高原伉俪,也有着无法言说的遗憾,常年在项目的两人将两个孩子托给年逾七旬的老人照管,相聚的天伦之乐无法体尝,甚至家人生病都无法陪伴。父母偶有抱怨,却不辞辛劳帮助他们;孩子们嘴上不说,心里多么渴求爸爸妈妈陪他们一起成长。他们现在最大的愿望就是好好陪一陪年迈的父母和年幼的孩子们,弥补对他们的亏欠。

家是最小国,国是千万家。胡林寿和王珺用自己默默无言的付出,实践着对使命的坚守和工作的负责。他们作为四川交通人一员,做好了自己本职工作并在自己工作岗位作出了一番成绩,作为一个普通的中国家庭,做到了一心装满国,一手撑起家。

扫码收听本文音频

回家的路

十月的清晨，秋风徐徐，灰蒙的雾气萦绕在项目驻地四周，透出丝丝凉意。旭日洒下晨辉，板房顶端“积极承揽精准扶贫任务，优质高效服务老区发展”的标语熠熠夺目。

这里是由四川路航建设工程有限责任公司承建的G245改扩建工程仪陇段项目驻地。早上6点，村庄还沉浸在一片寂静中，项目部已开始了一天的忙碌。工程合同科，主要负责项目施工生产管理，科长史鹏军，今年28岁，家住山西大同，扎根交通建设项目，一干就是7年，从一名初出茅庐的大学生成长为独当一面的技术能手。他的办公桌同科室其他5名同事没什么两样，一台用了多年的笔记本电脑和成堆的工程资料。这段时间大家为制定项目施工组织设计方案忙得不可开交，史鹏军更是心急如焚，早饭的时候，他对前来工地采风的同志说：“G245项目是仪陇朱德故里重点扶贫项目，时间不等人，我们要尽快拿出施工组织方案，确保月底动工。”

一个工程牵动着一方百姓的心。项目团队进驻伊始，在沿线走访调研过程中，史鹏军常到村民家中了解情况，拉拉家常，当地村民对他也青睐有加。74岁的张大爷，住在项目驻地旁，中午从项目部门口经过，碰到史鹏军问道：“小史啊，公路啥时候开工啊？”史鹏军一时为难，转而坚决回答：“大爷，您放心，很快就会动起来。”大爷这一问，问紧了史鹏军的心，想着加班加点也要尽快拿出方案，让工程早点动起来，莫辜负了老区乡亲们的愿望。

晚上 11 点，项目部的同事早已回宿舍休息，史鹏军一个人还在办公室坚守最后一班岗。对于吃住行都在项目上的工作人员来说，生活单调、枯燥，史鹏军却很享受这个过程，他常说搞工程的，只有在一线，才学得到本领，干得出一番天地。正当史鹏军埋头编制机物清单时，手机铃声突然响起，电话那头传来妻子略带责备的声音："最近电话也不给家里打，有那么忙吗？预产期马上就到了，你忙完还是回来看看吧，有你在身边我心里踏实。"史鹏军听了妻子的话才想起预产期的事，忙回道："等忙过这两天我就回来，家里还好吗？媳妇辛苦了。"

走出板房，已是凌晨时分，秋夜微凉，蟋蟀的叫声已渐消退，新政镇的灯火也越来越稀疏。史鹏军站在项目部院子里，点上一支烟，目光望向远方，想到一边是项目开工在即，一边是妻子临产，微叹一声，紧了紧衣服。

一周后的一个中午，史鹏军正和同事开会讨论施工总平图绘制，电话设置了静音，会议结束后，翻开手机，岳母的 5 个未接电话和一条短信：鹏军，妈知道你忙，但是忙到连老婆孩子都不顾了哇。史鹏军立刻拨通了岳母的电话："妈，对不起，现在实在是抽不开身回去，项目马上就要开工了。"岳母说："人都进入产房了，特殊情况特殊处理不行吗？"史鹏军赶忙解释："明天就要交验施工组织报告了，我最多两天就回来了，两天……"没等话说完，只听到电话里"嘟嘟"的声音。史鹏军五味杂陈，没来得及多想，一把冷水浇在脸上，又捧着一摞施工设计图，往县交通局赶去。

第二天上午，业主、设计、监理、施工四方会审，一致同意项目工程科提交的施组报告。开工令拿到手上，史鹏军心口一块石头落了下来。相隔不到三个小时，女儿出生了，妻子发来短信：我和孩子都平安,你安心工作吧,忙完了再回来。放下电话,史鹏军独自在驻地门口站立了良久,惊喜、内疚,说不上什么滋味,快三十岁的小伙子眼眶湿润了。

当晚,他向项目请假,项目经理李勇这才恍然大悟,拍了拍史鹏军的肩膀说:“你放心回去吧,项目上有我们,代我和项目上的兄弟们向弟妹问好,记得拍几张闺女的照片带回来。”

来不及收拾行李,带着对妻子的歉意和见到孩子的渴望,史鹏军从南充打了顺风车,手机百度显示,南充至大同 2300 公里,旅程 26 小时。

一路向北,史鹏军踏上了回家的路。

扫码收听本文音频

“四好农村路”上最美养路工

53 岁的高世华,1983 年 11 月顶替父亲来到宜宾市江安县公路养护管理段成为了一名养路工人。高世华从小受父亲高井书养护工的熏陶,热爱公路养护事业,把它当成是一项神圣的职业,一直默默无闻地坚守在公路养护第一线。

三十多年来,他从砂石路、沥青路到沥青混凝土路,从过去传统的(肩挑、人扛)手工养护到如今的智慧交通和全机械化养护,一路走来他见证了单位历史性变革和转型升级。2017 年,江安县创建首批国家级、省级“四好农村路”示范县。他管养的路段正好在迎检环线中,他斗酷暑、战雨天、抢晴天,奋斗在自己的岗位上。

二十多年的砂石路养护工作中,他处处积极踏实、任劳任怨、克己奉公,在严寒酷暑中劳作,挥铲扬锄,修补路面,巩固路基。他知识不多,小学文化,只认准一个死理,既然接过父亲手中的铲和锄,就不能给父亲丢脸,就要把工作干得有声有色。他管养的路段路面整洁畅通、路肩无杂草、水沟畅通、边坡顺适。无论是月检、季检,还是年终安全养护生产目标考核验收,达标率最高,合格最多。多次获评县交通运输局、段里“先进个人”。

然而天不怜人,他的家庭屡遭不幸,前后两任妻子先后因病离世。在残酷的现实面前高世华没有自暴自弃,而是化悲痛为力量,更加努力地对待自己的本职工作。

2012 年 7 月 11 日晚上,一场特大暴雨、大风突袭江安县,多条道路中断,大万路山体滑坡,地处江安县南大门的江红路最为严重，行道树、行道竹成片被大风刮倒在公路上，交通也中断了。天一亮，高世华就赶到自己管养的路段上设置警示标志，疏通过往车辆和行人，清砍行道树竹，虽然穿着雨衣，但全身已经湿透。直到下午 1 点 40 分全线抢通，看见风驰而过的车辆，他笑了。

2016 年 1 月 22 日，江安县遭受 20 多年一遇的特大暴雪，全县境内多条道路中断。他又第一时间在自己管养的路段上设置警示标志，疏通过往车辆，清冰雪、战严寒。公路抢通后他却感冒了，输了 3 天液后，又迅速投入工作。

特别是在 2017 年 4 月，江安县代表全市“四好农村路”首批示范县迎接省交通运输厅考核验收工作中，单位要求所有人员节假日不休，干好本职工作全面迎检。4 月 1 日 16 点 10 分许，高世华在自己管养的路段上养护作业清理水沟时，被一辆侧翻的三轮撞伤。事故发生后，其子高泽鸿等人将其送县人民医院抢救医治。他的背部、脸部多处受伤，嘴上缝了十多针，左眼肿起无法睁开。当他醒来后，就吵着要出院去工作。单位领导告诉他，你管养的路段未完成的任务已派人干了，安心治疗养病。

高世华就是这样的人，爱岗敬业，对工作兢兢业业，任劳任怨。现已年过半百的高世华仍孑然一身，由于长期的辛苦劳作，头发几乎全部花白，落下一身疾病。有时常常四肢麻木，医生诊断为风湿性麻木，发病时双手颤抖。但他从不因此请假，始终坚守在自己的工作岗位上。

扫码收听本文音频

奔跑的猪

烈日炎炎红似火，汗流浃背登山坡。
苦把猪儿四处找，但愿车主笑声多。

高速执法并不是仅限于执法工作，只要穿着这身制服，群众有需要那就是在执法。

七月的中午接到报警电话，拉了一车猪的货车侧翻在了路上。拉猪？我心里泛起嘀咕，一车怎么着也有百十来头，若在路上乱窜的话很容易就会引起二次事故。同事听到这消息也一下子也直起身来，立即找车钥匙，拿好装备后上车前往事故地点。

沿途行道树已经被烈日打得直不起腰来，路面被晒得发出阵阵热浪，沥青厚重的地方滋滋地冒着油珠。踩着皮鞋底用力地在路上一搓，能搓出一条条胶泥来。到了现场，还好事故并没有造成人员伤亡，侧翻的货车倒在路上，留出了超车道供路过的车辆通行。救援人员摆放好了安全标志，就等着拖车了。

猪呢？一抬头，麻烦的事儿映入了眼帘，它们在高速路边坡上的林子里窜来窜去撒着欢儿。司机愁眉苦脸摊着双手说道：“就怕它们跑上高速再引起事故，我赶紧把它们赶到了路边儿，哪里想到它们竟然上了边坡，有的还顺着沟跑到农家地里去了，80多头猪啊，运不回去我就要赔，挣点儿血汗钱，实在赔不起啊。”说着话，司机忙止不住用长满老茧的双手抹眼睛。大家安慰着说：“人没出事儿就好，钱还可以慢慢挣。”回过头想，这些四处乱跑的“东西”确实是麻烦的现实问题，万一冲下来了怎么办？看看司机，在这前不着村儿后不着店儿的高速路上，他的心情也是再明白不过了。随后商量了一下，让货车司机通知老板派一个装猪的车过来转运，至于猪，就由执法队和救援队一起来把它们找回来给装到上车吧，听到这么说愁眉紧锁的驾驶员一下子激动地流了眼泪，不住感谢。

留下两个人在高速路守着边坡上的“家伙”，防止它们一头栽了下来，其中一个救援队的朋友捡了根长长的树条站在路边，开着玩笑说：“高速执法这还是第一次执法对象换成了猪吧？车流换猪流难得啊。”同事笑着说：“都是高速路上的事儿，不管车流，猪流那都是工作，都是该做的事儿。”天气依然很热，背上的汗浸湿了衣服，晒干以后留下一圈圈白色的盐渍，我和其他人爬上边坡把上面的猪缓缓赶到了路边，等转运的车到了以后，同事和救援队的同志揪起尾巴，将它们放到了车上。几番折腾下来确实也累得不轻，司机不好意思地笑着说：“麻烦你们了，这路上也没有水，太感谢你们了。”要说麻烦，最麻烦的要算那些从边沟跑到农家地里去的猪了，围着圈儿要把它们再赶进边沟让它们回到路上才能速上车，好几次实在敌不过它每每冲出“包围圈”，最后不得不把它们抬着走上高速装进车子里。同事笑着说：“不行了啊，身体扛不住了，干这工作时不时的还是要些体力，若是年纪再大些遇到这种事儿，只能是有心无力了啊。”

也许是他乌鸦嘴，后来便遇到过装散货的车遗落了一地的货包，运输蔬菜的车散了一地的瓜果等等。执法员摇身一变，就成了搬运工。

执法，在许多人眼里是高大不近人情的事儿，这是一种误解。

执法人员做得更多的是帮助驾驶员解决难题,如果驾驶员对我们笑了,就说明我们的工作,做好了。

扫码收听本文音频

高速公路卫士

有这样一群人，在正值青春年华的时候，远离了城市喧哗，一年四季行走在大巴山连通川陕渝经济的动脉上。他们忍受着高山的寒冷，承受着夜晚的孤寂，肩负着一百多公里道路安全和通畅的重任。他们便是高速公路上的卫士——四川省交通运输厅高速执法第七支队六大队。

“我家小孩已经可以扶着走路了！”

“我家小孩刚会走路，一天到晚到处找爸爸！”

“我家小孩连续拉了一个星期肚子了！”

每每工作之余，他们讨论得最多的便是自家的孩子，而当许多小朋友正被父母包围，呵护着长大的时候，他们远离了家人，只身赶到了大山上，只为了入职时的誓言：“我愿扎根基层，为高速公路事业的发展贡献自己的绵薄之力，为人民群众生命财产的安全保驾护航。”

今年万源的雪好大啊，白色的山头，约上男(女)朋友也许走着走着就白了头，当帅哥靓女还对爱情充满幻想的时候，他们中的一些人已经因为常年通宵熬夜加班，早早地少年白了头，却还不知道成家在何时。

零点 37 分，执法人员还坚守岗位一线，通过办公设备向支队值班室汇报路况信息；清晨 5 点 56 分，突发 14 车追尾的交通事故；6 点 25 分，执法人员迎着风雪，20 分钟赶赴事故现场开始清障；经过多方努力，共同协作，晚上 8 点终于疏通了道路，确保了车辆正常通行。期间 14 个小时,他们穿插在事故现场,及时联系医院对伤病人员进行抢救,为困守的群众送上开水,对洒落的货物进行保护,单单忘了自己,14 个小时提着开水瓶却忘了给自己倒一杯水。至于“饿”,也许让道路尽快畅通,让群众尽早赶回家过节(那天正好是元旦)才是最好的精神食粮。看着堵塞的车辆逐辆从身边远去,孤寂的队员掏出手机准备给家人说声节日快乐的时候,却发现双手早已冻僵,已经无力拨号,而他们的朋友圈却是满屏的美女帅哥滑雪、打雪仗、堆雪人。

“说句心里话,我也想家……”每逢佳节的时候,他们同样想在父母孩子身边,想和亲人度过一个欢乐的节日。但是在大巴山深处车流不息的高速路上,还有更多的人需要他们,需要他们在下雪的时候及时除雪扫出一条道路,需要他们在有危险的时候保驾护航。

扫码收听本文音频

尕玛扎西和路

尕玛扎西是远离若尔盖县城的牧民，家里有爷爷、爸爸、妈妈和妹妹，还有几十头牦牛和上百只山羊，也不知道从哪一辈人起，他们就在这块辽阔无垠而水草丰满之地过起了游牧生活。

尕玛扎西家生活的这片草原在川甘交界地，每年 5 月到 8 月，天空格外蓝，阳光格外明媚，绿草格外繁茂，牛羊格外肥美。这片草原养育了尕玛扎西家成群的牛羊和几匹代步的马匹，也养育了尕玛扎西家世世代代。

尕玛扎西家周边还有几户人家，也和他家一样世世代代在这片草原上和蓝天下逐水草而居，几家人在这片草原上相互守望，又有一定的距离，日子波澜不惊地过着。他们的生活算不上富有，但至少能自给自足，只是要获取诸如大米、面粉、清油、盐巴等生活必需品就不太方便了。

没钱的时候或者生活必需品用完了，小尕玛扎西就会和爸爸骑着马赶上几头牛或几只羊，到几十公里外的县城卖给那些在菜市场贩卖牛羊肉的贩子，然后用这些钱去购置生活必需品，再让马匹驮着这些物品，在天黑前回到家。

摩托车的出现，让尕玛扎西觉得这个机器比马跑得快多了，也比马驮得多，长大后他就卖了几头牦牛，买了一辆崭新的本田 125 型摩托车。日子变好了，但那时县城到这个远牧点还没有公路，尕玛扎西骑着摩托车在草原上飞驰，怎么也找不到那种在宽阔的马路上飞驰的感觉，在起起伏伏的地形上颠簸着骑车，让人和车都很受伤。但是，骑车始终要比骑马快，并且也省事。

尕玛扎西记不起是哪一年了，草地上的草才刚刚绿，天空也刚刚开始蓝起来，天际边山坡上的冰雪开始融化了，气候也开始暖和起来，一台台叫不出名的大型机械和一群戴着安全帽的人们就进驻了尕玛扎西家所在的草原，机器的轰鸣和热火朝天的工作场面热闹了草原的整个夏天。他们平整草地、在草地上铺垫石块和石子，然后用一个两头都是铁滚子的机器对这些石子进行反复碾压，一条泥土色的"带子"就一天天地向着县城方向延伸。在公路刚刚成形，还没有铺好路面的时候，尕玛扎西就骑着摩托车在这条土"带子"上去"洋盘"了一回，在这上面骑车要比在高低不平的草地上骑车舒服多了。

过了大概两个夏天，在第三个夏天快要结束的时候，那条黑色的"带子"终于修好了。刚一通车，尕玛扎西就骑着摩托车在这条"带子"上跑了好几个来回，那时他的心情比天空还晴朗，他的笑声在草原上传了很远很远……直到草原的尽头，那里是天边！

说来也怪，自从路通了以后，尕玛扎西和家人们再也没有自己亲自赶着牛羊上县城去卖过了，都是别人开着车到他家来谈生意。有钱以后，尕玛扎西也去县城学会了开车，自己买了一辆小型农用货车把牛羊拉出去卖，还去了省城成都，这可是以前想都没想过的事儿。

从那以后，尕玛扎西还常常拉些其他山货到成都，还去过兰州、昌都等地，他的人生轨迹从此发生了改变。他说，将来有钱了，还要到都江堰市去买个大房子，让爷爷、爸爸和妈妈在城市里生活，安享晚年，自己找个老婆，成个家，让子女接受内地教育。因为一条路，尕玛扎西的人生从此走上了另一条路。

尕玛扎西的爷爷经常对他说，他们家在这短短的六七十年里，就经历了两次解放，一次让他们翻身做了这片草原的主人，另一次让他们从贫穷走向富足，这都是共产党给他们带来的。现在，路通了，车子开到家门口，别人想要的东西可以卖出去，我们想要的东西可以买进来，想走出去看看外面的世界也方便了，我们这些远牧点牧民的日子越来越有想头、有盼头、有奔头，过得一天比一天红火，我们要世世代代记住共产党的恩情。

扫码收听本文音频

涵洞里的秸秆

高速公路的一大难题应该就是涵洞,涵洞怎么了?它快透不过气了。

修建高速时碰到与附近村镇相连的路,流水通过的河渠正面相迎,就少不了要修桥或者涵洞。那时候好多沿线农户都极力争取在自家附近修个涵洞,方便去高速路对面的地里干活儿或者东家西里串个门儿。可慢慢儿的,这方便似乎也变了味儿。

对于高速执法而言,每年都会有几次涵洞专项清理工作,那时候就会发现涵洞,在老百姓眼里有了它新的使命:两头一堵能养猪,打下粮食做储物。刮风下雨淋不着,家家户户自留屋。在谁家的地里,靠近谁家那就是捡了便宜,便有一隅涵洞可以使用。放个农具,养几头羊拴在洞下,若是仅限于此也还好,但免不了有些农户堆放干草柴火,那就不一样了。

夏天,洪水暴雨总是不期而至,火灾也时而发生,涵洞清理自然也成了重中之重。这一天,屋外的知了在树上吱吱吱叫个不停,催得人急急忙忙拿了装备就朝外赶,穿过路边的树林草堆,扯着树枝沿着高速边坡一路滑蹭到底顺着边沟来找涵洞。找涵洞需要凭经验,也需要凭运气,正如同事所说:“你若是不熟悉路就注意看那些从远处有乡道交叉过来的地方,或者有池塘农田的位置,这些地方保证有洞子,但你如果在一条路上工作个几年,别说找个洞子了,说出公里数那角落的样貌就像3D照片儿一样浮现眼前。”有了他的带领,找洞子自然不成问题,说有就有。

可这涵洞里的问题却实在不小，这是个不大的人行涵洞，离一家农户不远，估计平时路过的人也并不是很多，被满满地塞足了打完油菜籽后的秸秆儿，仅贴着墙留了咫尺宽的通道供人路过。天干物燥若不及时清理了，很有可能由于中间温度过高引发火灾，烧起来影响道路畅通自然是不用说了，高速路也很有可能因为受到高温造成损坏。笔者和同事就立即去找农户：久扣柴扉呼声繁，白发苍苍遮望眼，相言数语方知晓，儿孙不在老翁边。留守老人的子女在农忙后就出门打工去了，这洞子里存放的是这临近两家人的秸秆儿，那家的年轻人也一起外出了，把这些秸秆留着就是为了方便留守老人烧火煮饭用，万没有想到会有这样的安全隐患。

但这问题肯定还是要解决，若是仅靠执法人员往外搬，即使天黑也清理不完。更何况这是老人煮饭做菜的火源，还不等执法人员开口，老人就走到身边说："娃娃都打工去了，自己也弄不动柴，煮饭就全只靠着这些油菜杆子了。"听他这么一说，执法人员若是搬出来风吹雨淋了怎么办？点不燃，用什么煮饭？几经思考只有找村委会了，看能不能多找几个人来一起把这些秸秆给老人搬到家里房檐下。这样老人取用方便，也同时解决了涵洞隐患。村委会接受了意见，安排了几个壮汉过来，一行人你前我后扛着秸秆儿朝老人家里走去。夕阳迟暮，余晖打在身上，同事嬉笑着说："我们这是在蚂蚁搬家啊。"

扫码收听本文音频

坚守横断山的筑路人

忆当年,一身戎装离故乡,高声唱,筑路人志在四方。

转眼间,风雨兼程三十载。不经意,鬓生白霜五十秋。

淡建平,大家都亲切地叫他淡叔,1981 年 12 月加入四川路桥,自今在施工一线工作已经快 37 个年头了。苍白的头发、黝黑的皮肤、干裂的嘴唇,淡叔是老一辈筑路人的缩影。勤劳、朴实、憨厚,没有很多的大智慧,相处时却总给人舒适愉悦的感觉。公路三分公司副总经理国道 215 线 TJ1 标项目经理程邦兴曾这样评价淡叔:如果我们一群人围在一起吃瓜子,那么第一个站起来拿扫帚扫地的人一定是淡叔。

无论是漫天沙尘的戈壁,还是雪花飞舞的高原,亦或是人迹罕见的深山,每个岁月、每个年头春节值班表上总会有淡建平的名字。今年也不例外,国道 215 线 TJ1 标项目部春节值班人员表里“淡建平”三个字写在了机材科收料人员及综合科煮饭人员空格里。问及原因时,淡叔笑容可掬地说:“多做点没什么。”简单质朴的回答,没有夸夸其谈的豪言壮志。

不惜力,勿须扬鞭自奋蹄。更尽心,不求芳菲锦上辉。为企业,施尽老兵一片心。

国道 215 线 TJ1 标项目部驻地选址在大山之麓,金沙江之畔。受当地水葬及牛羊尸体污染,金沙江水不可饮用,初期进场的同事不得不翻山越岭寻找山泉。上山道路崎岖,只能靠脚步一步一步丈量。烈日炎炎,山间毫无避阳高树,每每爬山寻水来回都得花上4个小时。每次寻水,同事们都几近虚脱。好不容易寻得水源,安上导水管,却常常被山间落石砸破,同事们又不得不沿着导水管线寻破坏之处。

一次烈日当空似火烧,项目部又停水了,想到要在这样一个日子上山寻水,实在是痛苦不已。停水1小时后项目部的人都懒得动了,不久却接到了淡叔打来的卫星电话,说已经找到并处理好了被落石砸破的管道,问项目部来水没有。大家朝山腰眺望,发现淡叔正佝偻着背伏在半山腰。10分钟不到,项目部来水了。接到来水通知,淡叔蹑手蹑脚下了山。两个小时后,大家都不约而同地出办公室迎接淡叔,看到淡叔干渴发白的嘴唇以及满头的汗水,大家都沉默了一会儿。就这一小会儿,大家在体会自我内心深处强大的震慑力和愧疚感。之后送水的送水,递纸巾的递纸巾,淡叔却笑着说:“幸亏还不远,我忘带水了,渴得我跟沙漠里的鱼一样。”一阵欢声笑语后,淡叔回到了寝室稍作休息。

霓虹灯闪、物欲横流的今天,能让人肃然起敬的不是博士的头衔,亦不是领导的光环,而是一颗勤劳质朴的心。

扫码收听本文音频

敬　礼

阿坝县有个名叫格尔登玛的村庄,位于县城东南方八十余公里。有村民两千多人,他们居住于此到如今也不知道多少年了,他们世代善良勤劳,但却没能改变贫穷落后的境况。最主要的原因是交通,村子只有一条废旧且年久失修的伐林道与外界相通。此道夏季时行驶越野车都很困难,勉强能通过摩托车;冬季连摩托车跑起都非常艰难。如果遇到大雪封山或谁家有急事外出的话,还得先请人帮忙沿途清理阻路的积雪才能前往目的地。曾经发生过多次因为交通受阻生急病得不到及时救治而被夺去生命的事情。每个村民心里都迫切地渴望能把这破烂不堪的道路彻底修好!

茸贡寺建寺600周年庆典即将来到的时候,整修道路的愿望就更加强烈。三月份,内地已经到处春意盎然,而阿坝县却还处于冰天雪地之中。

2012年3月23日,由武警阿坝支队和阿坝公路分局等单位组成的筑路队经过几个小时的颠簸来到一处相对较开阔的地方扎营开始新的征程。安顿下来天已漆黑。武警野营比较方便,车厢板两边放下展开搭上篷布铺上被褥就可以休息了。公路局的同志则需要搭帐篷住宿,每个人都是垫两床棉被,盖两床被子仍感觉不到暖和,许多人难以入眠,失眠是难熬的。刚进入梦乡积雪把帐篷压垮了,老天给筑路人来了一个下马威,那一夜,懂得了什么叫牙齿冷得抖。

正式开工！作息方式未曾经历过的——炊事员四点钟起床做饭，六点钟开饭，六点半准时开工，中午送饭到工地上吃了继续劳动，晚上八点下班，十点半休息，每个人的生物钟都改变了秩序。

时间一天一天过去，虽是极度疲惫，仍然奋力坚持。寒风疯狂地肆虐，机械隆隆地轰鸣，身着绿军装的武警战士与身穿橘红色工装的公路人劳动的身影是那么耀眼。过往的藏族同胞无不称赞，有些人还向筑路人敬礼！有时机械出现故障在路边修理时，定会有过往的藏族同胞来关心，"要不要帮忙？"虽然他们帮不了多大的忙，但是他们的话语却格外暖心！

工程艰难地步步推进，大多数人身上出现了不适反应——有的人脚被冻得生了冻疮又痒又痛；有的人脸上长满"糠壳"粗糙如树皮；有的人嘴唇开裂不敢大声说笑；有的人手上裂口，劳动时口子里殷红的鲜血时常冒出。无论是武警战士还是公路职工，都忍着不适与伤痛，克服冰冻严寒风雪，无阻地向着共同的目标奋勇前进，前进……

工程完成的越来越多，战线越拉越长，天气却依然多雨多雪。时间感紧迫，需要重新调配机械和人力来完成任务，一组进行初步道路打通，二组、三组完善修整、精心养护调整路面、整治沉陷翻浆。由于分组养护技术人员不足，又在阿坝分局抽调了 15 名养护一线的技术能手加入攻坚战。这场战斗中面临难题最多的是第一组。许多次大雪封山看不清山形路型，都是挖掘机先除雪后才能开展其他工作。最难做的是在通往茸贡寺途中的一座高海拔山上，空气稀薄呼吸不畅，体力消耗又大，有些人出现轻度的高原反应，但却没有停止劳动。同时，有的路段很窄很陡，铺筑路面后需要高强度的碾压,压路机上坡需用装载机在前面牵引到位再倒退后震动碾压。若是打滑,就有掉到山下的危险。

5 月 18 日,全线贯通,那一刻所有人欢呼雀跃,抛向天空的草帽宣泄着喜悦的情绪!

5 月 26 日晨曦,各组打点行装准备凯旋,筑路工程取得圆满成功,其过程虽然艰辛,但是让人感到欣慰的是格尔登玛村民今后出行再也不难了!

扫码收听本文音频

平凡中的伟大风采——公路人

“报告领导,黑豆花门口的塌方落石已经清理完毕,现在可以开放交通让过往车辆通行。”刚刚从抢险现场回来的曾普均兴冲冲地说道。

曾普均,兴文段岔路口养护站站长。54岁的他,脸上已经布满了许多皱纹,但身体依旧强壮。在同事眼中,他是一名朴实的养路工,一名兢兢业业的公路人。

激流勇进,抢险奋战在最前线

“喂,曾站长?”“是我,什么事?”“快,带上养护站职工,黑豆花山体塌方了!”

2017年4月26日早上7点,受连续强降雨天气的影响,由岔路口养护站所管养的古高路K184+400(黑豆花)右侧发生山体塌方,100余立方米的土石方轰然而下,半条水泥路面被滚落的碎石和倒树所掩埋,阻碍了车辆行人通行,造成交通中断。

险情就是命令,一接到指示,曾普均立即带领岔路口养护工人和机械设备赶往现场,对塌方现场进行封闭,冒雨奋战,迅速投入到抢险保通工作中去,经过三个多小时奋战,终于将路面塌方清理完毕,使得该路段恢复通行。

不畏艰苦,奔走在公路巡查路上

岔路口养护站现管养路段为S309古高路K184+000至K206

+000，全长共22公里。为保障辖区内的道路通畅无阻，兴文段要求站长每天都要对公路进行上午下午两次巡查。自打曾普均担任岔路口养护站的站长以来，不论风雨，不畏寒暑，无惧险阻，每天坚持骑着摩托车，奔走在这22公里的道路上，为奋战在宜宾公路一线的同仁们做出了榜样，树立了标杆。

曾经有人问：老曾，你说你，每天就这样吹着风到处跑，有时候天刚亮，那么冷就出门，图个啥？曾普均笑眯眯地说：你说图个啥，我既然干了这份工作，那就得兢兢业业、勤勤恳恳地干活，要对得起天，对得起地，对得起自己这份良心。

身先力行，勇于担当做好领头羊

别看岔路口养护站只管22公里路，但时常有大型货车通过，抛洒物、落石、零星坍塌较多，养护工作任务艰巨。

每次清理水沟、整治断头水沟的脏苦工作，处理危岩、孤石等隐患危险系数较大的工作，以及协调公路过往乡镇繁琐的工作，曾普均都没有怨言，一直冲锋在最前面，做好领头羊。

严寒的天气没有冲垮他的意志，刺骨的寒风没能阻止他的脚步，曾普均充分发扬了“特别能吃苦，特别能战斗，特别能奉献”的精神，用最饱满的斗志进行着年复一年、日复一日的养护工作。这就是普普通通的养路工，甘为路石，甘于奉献。

扫码收听本文音频

青春之花在云端高速上绽放（上）

一条玉带蜿蜒盘旋在川西崇山峻岭之间，成为联系“雨城”雅安和“卫星城”西昌最重要的交通大动脉，这就是“云端上的高速公路”——雅西高速公路。在这条四川省地质最复杂、条件最艰苦、气候最恶劣的高速公路上，有这样一群年轻人，他们甘于清贫，耐得住严寒，斗得过酷暑，守得住孤寂，抵得住诱惑，用青春守护着雅西高速公路。他们，就是四川省交通运输厅高速公路交通执法第五支队七大队的执法人员。

这是一支平均年龄不到30岁的年轻队伍。在冰天雪地中，大雨浓雾里，炎炎烈日下，都能看见他们略显疲惫但始终挺拔的身影。他们是傲立在雅西公路上的一棵松，无论大节小假，无论白天黑夜，都坚守在一线！

莺啼燕语迎新年，游子归家心切切。2017年春节，雅西高速公路车流量迎来井喷式增长，交通拥堵十分严重，车辆走走停停、停停走走，蜗牛般在高速公路慢慢挪动，每个小时速度还不到5公里，驾乘人员心急如焚、怨声载道……哪里有困难，哪里就有执法队员。大队迅速组织力量，24小时不间断值守栗子坪收费站和交通拥堵路段，一边宣传解释引导，一边协助分流车辆，现场常常看到他们苦口婆心、来回奔波的身影。在春节的168个小时里，他们没有吃一口好饭，睡一个好觉，更谈不上与家人团聚、共度春节。“爸爸，你要记得回来的时候给我买烟花哦。”大队长林康3

岁的女儿打来电话，奶声奶气地问着，小大人一样关心着爸爸，问这问那，林康悄悄走到收费站的角落，幸福地和女儿聊着，眼中隐隐闪着泪花。

当车辆慢慢驶过拥堵路段，驾乘人员频频挥手告别，队员们脸上才露出了会心的微笑，忘却了一身的疲惫。

春节结束后，大队本打算让队员们轮流调休，弥补一下春节未与家人团聚的遗憾。但是2月22日凌晨雅西高速公路的一场大雪，让他们的希望化为泡影。面对拖乌山路段积雪结冰严重，大批车辆和群众滞留的情况，队员们火速赶赴现场。

雪还在下，执法车辆前进异常困难，每前进一米就要打滑多次，几近与其他车辆发生碰撞。为尽快抵达交通拥堵现场，队员们扛着融雪剂和防滑沙，揣着方便面和热水，顶住寒风，在约15厘米厚的冰雪道路上徒步前行。跌跌撞撞间，风雪吹迷了他们的双眼，雪水浸透了他们的衣鞋，寒冷冻僵了他们的四肢……但他们面对严寒不畏惧，面对困难不低头，面对任务敢为先，硬是咬紧牙关前行了10余公里，抵达了交通拥堵现场。

冰雪，让部分车辆横亘道路中央，驾乘人员正手足无措、焦急万分。队员们的到来，让他们在漆黑的夜晚中看到了脱困的希望。队员们一面安抚驾乘人员的情绪，送上方便面和热水；一面铺撒融雪剂、防滑沙，改善道路通行条件。人推肩顶，队员们救助着一辆辆受困车辆。问候声、感谢声、吆喝声相互交织，汗水、泪水、雪水彼此交融，鱼水情深的画面，永远定格在雅西高速公路。

谁也不知道，当时大队长林康正感冒发烧，他没有告诉队友，没有提前离开，没有忘记身上的责任，硬是和队友们一起在雅西高速公路上连续奋战了72个小时。连日的操劳，终于让林康这样铁骨铮铮的汉子扛不住了，他住进了医院。在病床上，他依然牵挂着雅西高速公路的运行状况，每天电话都关心着道路的通行情况。

据统计，去年春运期间，雅西高速公路冰雪雨雾等极端天气多达 22 天，最低温度更是达到零下 12 摄氏度。就是这样一群年轻人，在平均积雪 10 厘米的雅西高速公路，帮助车辆脱困 2000 余台次，服务司乘人员 1 万余人次。他们，是广大驾乘人员的“贴心人”，更是雅西高速公路的“守护神”！

扫码收听本文音频

青春之花在云端高速上绽放（下）

执法大队驻地在山腰，高海拔、背阴、潮湿的环境里，连床铺都是润润的，宿舍极为拥挤，甚至连转身都有些困难。但这些都扑灭不了他们对事业的热爱！这一群年轻人，舍弃了家庭的温暖、城市的繁华、人群的喧嚣，带着一份嘱托、一片赤诚、一身责任，毅然决然守护在大山深处的雅西高速公路。

2016 年 8 月，雅西高速公路持续降雨并引发山洪，大队辖区高速公路出现小型山体垮塌，致使道路中断。雨一直下，山体还存在随时垮塌的危险。队员们迅速赶到现场，不顾危险，勘察灾情，及时上报，并立即设置现场警示标志，配合疏散车辆、人员，协调营运公司及地方相关部门抢险救援。雨水让他们全身湿透，帽子里、裤管里、鞋子里全是水，阵阵寒意浸透了身体，但他们不敢卸下肩上的责任，依然冒雨坚持着，直到险情消除。

每年汛期，队员们都要经历这样的“大考”。他们用顽强的意志和拼搏的精神，一次次冲锋在抢险救援的最前线，履行着高速公路交通执法人的职责使命，践行着交通运输人的责任担当。

刘勇，一位 33 岁的执法队员。他是家中独子。2012 年 12 月，父亲拉着刘勇的手，把他送到了雅西高速公路。最让刘勇放心不下的，是他挚爱的父亲……父亲患上了脑瘤，有时候脾气暴躁，甚至突发抽搐。刘勇每天都会给父亲打电话，询问病情，偶尔也会回家看看父亲。父亲总说：“没什么大不了的，你安心工作就行了！”刘勇心里明白，父亲说话时是忍受着多么大的病痛，他唯有认真工作，方不负父亲期望。夜晚，别人进入梦乡时，窗户上映着他学习的身影；白天，别人举家畅游时，路面上留着他忙碌的足迹。他迅速成长为全系统的业务标兵。2016 年 6 月，医生告诉刘勇，父亲只剩下几个月的生命！他失声痛哭，悔恨没有好好照顾父亲。而父亲却拉着他布满冻疮的手说：“孩子，你不要难过，我的病我自己清楚，你不要担心，一定要把工作干好，不能给我抹黑！”带着父亲的心愿，他又踏上了前往雅西高速公路的行程。

这就是雅西高速公路交通执法人！2014 年 1 月，成都金堂的陈贵林怀着欣喜的心情前往大队驻地。他经过层层选拔，顺利通过了公招考试，成为了一名公务员。那可是大家口中的社会精英，多少人的梦想啊！一到工作地点，他就懵了，一望无尽的大山，恶劣的气候，危险的道路，与想象中舒适的办公室，柔软的座椅，悠闲的工作完全不一样！巨大的反差让他极不适应。但在大队领导和老同志的带领下，慢慢融入这个集体后，他的心态慢慢有了变化，懂得了什么是不求回报的付出，什么是执着坚守的追求。2015 年，他被抽调到支队机关驻地——成都帮助工作，这里工作环境更好，更方便照顾年幼的孩子和年迈的父母，母亲劝他就留在成都。但是一年后，他却主动找到单位领导要求回到雅西高速公路，他说：“那里更艰苦，更需要人，我要回去和队友们一起继续并肩战斗……”

就是这样一群人，放弃了与家人团聚的时光，放弃了光鲜亮丽的生活，忍受着天寒地冻，忍受着孤独寂寞，却成就了雅西高速公路的安全畅通，成就了人民群众出行的舒适便捷。他们把自己最美好的青春献给了雅西高速公路、献给了交通运输行业！

“这些孩子们在我们行业最艰苦的地方,也是最需要的地方闪耀着光芒,他们是优秀交通人意志品格的传承者,不仅撑起了雅西高速公路的脊梁,更撑起了我们的明天和希望!”四川省交通运输厅高速公路管理局局长刘洁梅这样感慨。

大队先后被上级评为“先进集体”“最佳文明窗口”等,3 名队员先后获得优秀公务员、2016 年交通公益关爱计划“无私奉献”奖等荣誉称号,更在 2016 年四川省交通运输厅队列比赛中荣获全省第一名。他们用成绩证明了自己的人生价值,用付出书写了平凡岗位上的不平凡。

扫码收听本文音频

闪亮的心

清晨，山风拂去了雨季的瘴雾，四周黛绿的群山也露出了身子，霞光点染了山峰，抹红了丛林，也渐次地将宜泸高速公路的轮廓给巧手绘出。78 公里道路，8 座隧道，2500 米以上的长大隧道就有 5 座，再加上大、中、小桥梁 56 座，桥隧比达 36%，这使得机电维护任务尤为繁重。

去年夏天，连续的暴雨天气导致宜泸高速公路高压外线短路，除了 8 座隧道外，全线 5 个收费站中就有 4 个收费站断电，情况紧急，班长老陈立即召集全体正在轮休的人员回到工作岗位，兵分两路开展电力恢复工作。由于交通工具不足，其中一队只能徒步赶往就近的隧道进行抢修，直到翌日凌晨 4 点，在保证全线 15 个配电房运行正常后，他们才穿着被雨水湿透的衣服，返回临港管理中心。由于太过疲惫，班长老陈刚坐到监控中心的沙发上就睡着了，同事小丽拿来一件外套披在了他的身上，就是这样一个细小的举动，却让平日里不苟言笑的老陈眼眶一下子红了。在经过短暂的休息后，他们继续赶往各收费站进行故障处理，并徒步 30 多公里山路沿线排查，确保在最短的时间内恢复所有点位的外部供电。

去年 9 月的一天，上午 8 时许，机电班突然接到监控中心的电话告急，罗龙收费站全站停电，收费系统全面瘫痪，现场滞留的车辆达上百辆，司乘人员不断的催促放行，高速交警、高速执法以及收费人员也在现场艰难地维持着秩序，厅监控结算中心要求必须在15分钟内恢复收费系统,否则抬杆放行。那是宜泸高速公路通车以来遭遇的第一次严重故障,如果处理不当,将给公司带来难以承受的名誉损伤。顶着巨大的压力,老陈他们立即赶往现场,对发电机设备和UPS不间断电源进行故障分析维修,终于在厅监控结算中心要求的时间内送电成功,使收费站恢复了正常秩序。看到司乘人员终于平息了怨气,有序通行后,瘫坐在地上的他们,大大地松了一口气。

就在今年春节前夕,马福寨隧道电缆被盗,为保障春运照明,急需对被盗电缆进行恢复。班长老陈、向新华等人草草地吃过部门筹备的团年饭后,便连续两天驻扎在施工现场。为了确保材料安全,他们白天抢修,夜间就睡在车里,呼吸着隧道的烟尘,一个个满脸土灰,像极了砖窑工人。天刚亮,老陈就叫醒了所有人,大家又齐心协力拖着笨重的电缆,喊着号子,将600米电缆一点一点穿入线管。

又一个黑沉沉的雨夜,就在老陈他们开车去排障的路上,看见一辆黑色轿车因撞到护栏,车身横停在车道中间,但车上4人尚未察觉到情况险急,竟全部呆坐在车里,事态非常紧急,老陈他们赶紧靠边停车,冒着大雨,将车上的人全部招呼到自己的工作车里。为避免二次事故的发生,他们又开始对事故车辆摆放安全警示标志。天际不时划过一道闪电,伴随着雷鸣声,雨势也越来越大,瓢泼的大雨浇得人完全睁不开眼睛,但直到管护队员赶到现场,他们一直在雨幕中默默地忙碌着。

在一次机电班的聚会中,班长老陈举着酒杯说了这样一段话,他说:"兄弟们啊,我们机电人员虽然是高速公路上最不起眼的零件,但我们是不可或缺的。我们的工作环境虽然艰苦,我们的任务虽然繁重,但因为我们的努力,给过往司乘人员带去了畅通,带去了安全,我们便是快乐的,我为我们这个年轻,但敢于拼搏的兄弟连骄傲,我为你们举杯!”

这是一个仅 10 人的年轻队伍,他们的平均年龄不过 26 岁。虽然他们年纪轻,但他们不怕苦,不怕累,无数个黑夜黎明,穿行在山林隧道,不惧风雨雷电,无畏酷暑严寒,在艰苦的环境和日复一日的维修抢修工作中,他们勇担责任,磨炼意志!

扫码收听本文音频

用心站好最后一岗

“今天,按照‘两学一做’学习教育要求,我履行兑现了自己的诺言,现在豆子湾隧道和佛界山隧道的主体工程已基本告一段路,我可以放心的退休离开了。”在项目组织的践行宴上,已经年满61岁的唐正国眼含热泪。

1981年初,唐正国被分派到四川路桥工作,至此,便与路桥结下了不解之缘。

临危请命,奋力争当铁路先锋

2014年初,成贵铁路正式开工建设。考虑到高铁施工标准高、施工管理难度大,而唐正国又年事已高、身体多病,公司并没有打算调派他到成贵项目工作。但在得知成贵铁路项目情况后,他毅然放弃了公司同期的其他在建项目,要在退休之前再干一个有挑战性的工程。

作为为数不多曾参加过高铁施工建设的员工,唐正国的到来让缺乏高铁施工技术和管理经验的员工们看到了胜利的曙光。“我从未参加铁路施工建设,一开始确实心里没底;但看到他的到来,我的心里一下就有了底气。”一分部项目经理张捷说。刚到成贵铁路项目,唐正国就马不停蹄,白天带领青年技术人员跑施工现场、讨论施工方案,晚上组织大家分析工程量清单、学习高铁施工技术规范、研究施工设计图纸。短短两个多月就完成了场站建设,并打开了管段内的全部施工点,在成贵铁路建设中创造了“川桥速度”。

敢于担当，困难面前勇挑重担

2015年下半年，由于隧道地质条件差，围岩级别与设计不符，隧道涌水严重，佛界山隧道和豆子湾隧道施工进度严重滞后、安全质量隐患突出。他看在眼里，急在心上，再次向项目领导请缨，进驻豆子湾隧道出口施工现场，全面负责豆子湾隧道和佛界山隧道出口现场施工管理。

从事公路施工30多年，干过大小十来座隧道，却还是第一次从事高铁隧道施工管理工作，他深感责任重大，毫不懈怠，事无巨细，事必躬亲，天天奔赴在施工最前线。

在一次日常施工检查中，他发现隧道防水板铺设不平整，极容易造成隧道衬砌脱空，而这已经是他多次检查反复提到的问题，也是前期隧道出现二衬脱空的主要原因。这一次，他既没有批评两名现场技术管理员，也没有指责协作队伍的现场施工人员，他只是要求现场当晚加班返工整改。那天晚上，完成当天的施工任务后，他陪同两名现场技术人员蹲守现场，组织协作队伍从晚上九点加班到凌晨两点，才返工将两个循环的防水板重新挂好。整个晚上，他一直站在施工现场，只说了一句话：“做人要踏踏实实，做事要认认真真，工作起码要对得起自己的良心，不要让人戳脊梁骨。”

那个晚上以后，豆子湾隧道的防水板铺设质量显著提升。

砥砺前行，用心站好最后一岗

2016年2月，中央做出在全党范围内开展“学党章党规、学系列讲话，做合格党员”学习教育的重要举措。沐浴在“两学一做”的春风里，唐正国也深深地感受到作为一名共产党员所肩负的崇高使命和沉甸甸的历史责任。

2016年8月，年近60岁的唐正国即将面临退休。当时，家中年事已高、体弱多病的妻子急需丈夫的照料，身患残疾、至今未婚的独女更需要父亲的呵护。但也是这个时候，佛界山隧道、豆子湾隧道正处在最紧张的攻坚阶段。面对选择，他再一次义无反顾的选择要干完工程，要尽一名共产党员的义务和责任，要完成当初到隧道时许下的承诺。于是，在他的强烈要求和坚持下，项目同意在退休后再返聘他回项目工作，继续负责豆子湾隧道和佛界山隧道出口的施工管理。

在他的精心呵护和细心照顾下，豆子湾隧道和佛界山隧道像两个初生的婴儿，不断地茁壮成长。2017年3月底，豆子湾隧道提前安全贯通；2017年7月，佛界山隧道安全顺利贯通；两个隧道各获得成贵公司绿牌奖励一张，他自己也受到成贵公司和铁四院监理的一致好评。

唐正国，成贵铁路线上的一名普通员工，一位平凡的路桥建设者，但他更是一名坚定的共产党员！

扫码收听本文音频

外勤平凡的一天

春节假期刚结束不久，辖区高速路段的车流量仍然很大，大队外勤队员和往常一样，早早起床，收拾好后开始了一天的巡查、执法检查和缓堵保畅工作。今天辖区路段很顺畅，没有出现大的事故和交通拥堵情况。外勤队员中午时分回到大队，正准备收拾收拾吃午饭，这时，大队的值班电话响起。原来是之前服务区一起民事纠纷案件，前期在执法人员的协调处理后，矛盾暂时得到了解决，今天的电话是因为当事人病情恶化，于今天中午时分去世，事件双方的矛盾再次爆发。外勤队员接到电话后立即放下手中的碗筷，说了句“别等我们了，你们先吃”，就急忙忙地出现场了……

事情的经过是这样的：死者与服务区经营者签订劳务用工合同，系服务区保洁员，前不久因工作时不慎跌倒造成颅内创伤，其家属将当事人带至服务区餐厅，聚集亲友十余人讨要说法，之前在执法人员的调解下，事件暂时得到控制。今天当事人去世，其家属再次到服务区要说法，凭借多年的外勤执法工作经验，执法人员意识到这种行为将严重影响了服务区经营秩序，并极可能对高速公路行业形象造成负面影响。

事件初期，恰逢春运、春节临近，服务区人流、车流极大，一旦引发纠纷，势必造成严重后果。考虑到这一情况，大队召开工作会议，根据突发事件应急预案细化了工作方案，落实专人跟踪事态进展。

刚才接到服务区报警,了解到具体情况后,大队立即启动突发事件应急预案。大队领导及执法人员迅速赶往现场,同时按照一路四方联勤联动机制,积极联系地方应急办、公安局和法律援助律师。

执法人员、高速交警、路产管护队、公安特警到达现场后协调各方开展处置工作。执法人员负责与死者亲属沟通,安抚情绪,协商选定三名亲属代表进行后续谈判;公安特警疏散围观群众和滞留车辆;高速交警封闭服务区入口匝道,临时关闭服务区;应急办联系死者所属村、队相关领导对死者亲属做思想工作;路产管护队联系监控中心,通过 LED 情报板发布服务区关闭信息;服务区管理人员全程配合。

在各方的共同努力下,最终死者亲属与经营者达成一致,待死者安葬后,双方通过法律途径解决最终赔偿事宜。

事件处理完毕后,已是下午 4 点过,这时执法人员才发现肚子空空的,原来大家午饭都还没吃,于是商量着到大队后去吃碗面填填肚子。春运期间,辖区突发事件较多,万一再出什么情况,好有力气做事啊,回大队的路上,大家都在车上睡着了……

这就是一个最基层的高速交通执法人员一天的工作,虽然忙忙碌碌,但心里很充实,虽然工作很平凡,却很有意义,虽然一天下来身体疲惫,但心里都是干劲。

扫码收听本文音频

汶川交通十年巨变

2008年,对于汶川人来说,既是伤痛,也是转折。震前,汶川县境内国道213、317线建设标准较低,路面较窄,农村公路除县道是沥青路面外,其他的农村公路都为泥结碎石路面,通行条件很差。震后,在党和国家的坚强领导下,在社会各界的援助支持下,两年内,汶川县交通发生了翻天覆地的变化,县境内国省干线均进行了提升改造,汶川县通上了阿坝州第一条高速公路——都汶高速。都汶高速不但大大缩短了阿坝州与内地的距离,更使汶川融入成都2小时经济圈,而且由于道路以桥隧为主,大大地降低了地质灾害对车辆通行的危害。

目前,汶川已建设农村公路413.687公里,全县117个村全部通上了水泥混凝土路面,实现了农村公路通达率和通畅率100%,县道还提升改造为二级公路,这是震前国道的公路等级。

农村公路的建设,给农村群众生产、生活带来方便,更为农村经济发展带来了巨大活力。震前,汶川县南部片区三江镇、水磨镇的基础设施较差,经济也十分落后,当地老百姓除了种地几乎无其他经济来源,辛勤劳作种植的豌豆、土豆、蔬菜等作物又因交通条件太差,只能靠人背马驮带到国道边,然后再销往大城市,许多蔬菜在路途折腾时间长,没到市场就烂了一半,有一条跑得快、不颠簸的致富路成了当地老百姓最迫切的愿望。

通过实地调研,汶川县充分利用灾后重建契机,新建了漩三环线路,将三江镇、水磨镇和漩口镇的交通形成环线,使集中、赵家坪、衔凤岩、大槽头、老人村、连山坡、刘塘沟、黄家坪、大岩洞、麻柳和照壁 11 个村连成一片,同时使之成为国道 213 线通往水磨、三江景区的又一风景线。

衔凤岩村村民钟明海是漩三环线上的一家农户,震前,他家以种植中药材为主,那时,到地里种植、施肥、收获,全靠人力,销售更是辛苦,要背到山下国道旁再搭车到县城。“那时挣的真是辛苦钱啊。”钟明海很是感叹。如今,公路通到家门口、田地间,许多公司和老板直接将车开到地间进行收购。“路好了,车多了,农产品销售方便,我种的中草药也卖得更好了。我这两年就靠着卖中白芨,挣了上百万呢!”幸福洋溢在钟明海脸上。跑山鸡养殖基地、山猪养殖基地、中药材种植基地、猕猴桃种植基地、茶叶种植基地、农家乐……沿线各种经济实体如雨后春笋般争相兴起,漩三环线上呈现勃勃生机,沿线农民的生活蒸蒸日上。

同时,汶川县按照交通+旅游的发展思路,将三江镇、水磨镇打造成了具有汶川特色的旅游基地。潘达尔景区、鹞子山养生堂、仁吉喜目谷等一大批景点相继开发,现在的三江镇、水磨镇吸引了大批游客。

按照汶川县“南林北果”的战略布局,北部片区依托特有的少雨、多阳、昼夜温差大的气候特点,成功建成了“汶川三宝”(甜樱桃、脆李子、香杏子)种植基地,还种植了芤山大枣、冰糖苹果等特色水果和核桃、花椒等经济作物,现在几乎家家都是种植户,特色农产品成了农村脱贫致富的“摇钱树”。每到水果收获季节,各条农村公路上车水马龙,农户、水果收购老板、游客川流不息,农户可在田间坐等销售,老板可现场验货下单,游客可上树体验采摘乐趣。高速公路、国省干线、农村公路、产业路、入户路、采摘路,路路相通，纵横相连，快捷的交通条件吸引了顺丰、中通、申通、汇通等7快递公司和众多物流公司入驻汶川，鲜香的果蔬3日内送达全国各地，汶川与全国人民的距离就在咫尺之间。

如今，国道213线恢复重建正如火如荼施工，汶马高速工地也热火朝天架桥、挖隧道，第一条轨道交通——都江堰至四姑娘山山地轨道交通项目即将上马，汶九高速、汶彭高速纳入“十三五”规划，农村公路继续提升改造，四通八达、快速通道、飞速发展等词汇从书本走向现实，汶川全面脱贫、全面小康目标的实现指日可待。

扫码收听本文音频

我身边的交通人

在四川遂广高速公路上，有一个无处不在的身影，只要您需要，他就会及时出现并为您倾囊相助。他，就是四川省交通运输厅高速公路交通执法第三支队十七大队大队长李永兴。

有一种坚持叫从来不休。多年来，他始终坚持每天早上第一个悄悄到岗，每天下午最后一个默默离开，每个周末都在岗位坚守，每个节日都放弃与家人团聚，无数个日夜坐镇指挥，在S18遂广高速公路上，你总能看见他那瘦弱的身躯，不为别的，只为广大司乘人员的平安出行。

有一种精神叫甘于奉献。自从加入这个行业，他就下定决心要像战士一样奉献自己的全部岁月。他教会大家如何正确处理交通事故、如何耐心督导营运公司做好对外服务、如何督促商家保持服务区的卫生整洁和食品安全、如何规范履职开展执法检查。在他的精心传导下，高速执法人员掌握了如何忠诚履职的本领，营运公司知道了如何彰显服务司乘人员的风采，不为别的，只为他那无私奉献的精神能够在高速路上得到延续。

有一种力量叫爱岗敬业。干一行，爱一行，这句话在他身上体现得淋漓尽致。每当值班电话想起时，他总是抛开手上的全部工作，甚至连吃饭的时间都顾不上，就直接奔向需要他的地方，合理分配人员、精心布控现场、细心救助伤员，在最需要帮助的地方，他总是第一个冲上去，不为别的，只为不辜负党和国家对他的重托。

有一种提升叫与时俱进。活到老，学到老，还有三分学不到。在他的价值观念里，只有广泛汲取知识的营养，多方提高自己的综合素质，才能不负组织的期望。多年如一日地坚持学习政治理论知识、业务知识和其他知识，自身素质不断提高，工作能力不断增强，不为别的，只为在科技飞速发展的时代不落后于他人。

有一种关爱叫尊老爱幼。老吾老以及人之老，幼吾幼以及人之幼。每个传统节日，他总会带领大家到沿线走访慰问，清明节开展扫墓活动、端午节慰问敬老院孤寡老人、儿童节看望幼儿园小朋友、建军节走访退伍军人、春节向困难人民群众送去温馨的关怀，单位同事有生病住院的也会以支部名义送去关怀，不为别的，只为以身作则树立典范。

有一种热忱叫服务人民。每个节日，他总会奔赴沿线各收费站、服务区，抓住细节干好本质，指导工作人员如何做好服务工作，如何让广大老百姓满意，设置志愿服务点、情满旅途服务站，为司乘人员提供食品、热水、晕车药、出行提示的等服务，不为别的，只为来往的人民群众满心满意。

有一种坦荡叫清正廉明。廉洁聚人，律己服人，身正带人，无私感人。他严格遵守党政干部廉洁从政有关规定，正确对待同志、正确对待组织、正确对待自己，服从组织安排，尊重领导，团结同志，自觉维护党支部班子的团结，不为别的，只为做一个正直坦率对党忠诚的共产党员。

多年来，李永兴以其忠于职守、艰苦奋斗、敢于拼搏、无畏牺牲、勇于探索、积极创新、善于管理、乐于助人的精神，深深感动了广大老百姓、营运公司、各级政府，在S18遂广高速公路上形成了一道亮丽的风景线，激励着身后一大批有志青年。

扫码收听本文音频

宜宾有位“萌萌哒”公交师傅

“投币箱旁放置一盆红掌，座椅背后贴挂两个可爱的布偶，我希望通过自己的一点心思，让乘客们缓解疲劳、放松心情，感觉温馨。”宜宾市城市公交公司25路公交车驾驶员李明德说。李明德，是位热心人，1992年从部队退伍后，他选择成为一名公交车司机，今年49岁，已驾驶了24年公交车，安全行驶了上百万公里路程。

“在这么狭窄的工作环境里布置得这么精心，这个公交司机简直是萌萌哒！”市民赵女士感慨，这盆红掌让她眼前一亮，那盆花就像是生活中的小惊喜。这样的装扮，李明德已经坚持了一年，每当盆栽枝叶长茂盛了，他就拿回家进行修枝，再换一盆摆上，曾经还摆放过马蹄莲、玫瑰花、栀子花等品种。

在驾驶椅背后的玻璃墙隔断上贴挂了两个可爱的布偶，令人有些匪夷所思。“经常有家长带着孩子乘车，小孩子哭闹的时候，看到这个就会分散注意力，就不吵不闹了。”李明德说，“我希望通过自己的一点小心思，能让乘客们缓解疲劳、放松心情，感觉温馨。”

不仅如此，乘坐25路车还能听到各种时尚音乐，有很嗨的，有很舒缓的，还有很搞笑的……也许是在部队养成了习惯，除了放音乐，每天晚上7点，他会打开车载收音机，准时收听新闻联播，让看不到电视的乘客们也听听国家大事。多年的驾驶经验，让李明德摸清了乘客的需求，他的举动虽小，却是令人如此暖心。

每当有老人、孕妇和抱小孩的乘客上车后没有座位,也没有其他乘客主动让座时,他会主动帮忙协调,“谢谢你,宜宾人都要向你学习”等用语成为了他自创的工作常用语。

李明德将发动机机舱打扫得非常干净,公司已作为示范标准要求其他驾驶员向他学习。

公交是一个窗口行业,服务百姓的出行,公交优先其实就是百姓优先。李明德爱车、爱乘客、爱工作已然成为了他生活的习惯!“我希望通过自己的努力,能够带动更多的人爱公交,能够让宜宾的公交越来越好。”李明德说道。

扫码收听本文音频

新时代成宜高速的那些事

“看似寻常最奇崛，成如容易却艰辛。”2018 年 1 月 17 日，成宜公司如刚满一岁婴儿嗷嗷待哺，却又如小巨人般让人刮目相看。仁寿段勘界放线率先完成，荣县段、宜宾县段交地仪式相继举行，全线征地确权工作告一段落，并顺利实现动工……

集结号吹响 “交通铁军”请缨来

时光回溯到 2013 年 2 月，时任省委副秘书长、办公厅主任王铭晖，被任命为宜宾市委书记。

“从宜宾到成都，虽可通过内宜高速、乐宜高速、成自泸高速，但都要绕道自贡、内江或乐山，最短时间也需两个半小时。”在干部大会上，王铭晖一针见血指出，“早日建成一条直达成宜的高速通道，有助于宜宾突破经济发展的瓶颈。”

关键时刻，四川铁投抛来了橄榄枝。在沿线各地的积极响应下，2017 年 1 月 17 日，四川成宜高速公路开发有限公司应运而生；2017 年 3 月 10 日，成宜高速公路可研报告获省发改委批复同意；2017 年 3 月 15 日，成宜高速公路开工动员仪式在翠屏区宗场镇举行。

集结号吹响，集团各公司热血青年主动请缨。现有的 47 名职工，来自四川路桥、宜泸公司、宜叙公司、金通公司……这个极富朝气的群体，平均年龄才 32 岁，其中，共产党员就占了 20 人。

党建引领　一堂生动实践课

征地拆迁进入白热化,各种矛盾接踵而来,代表处面临前所未有的考验。

在这节骨眼上,适逢党的十九大召开。成宜公司围绕十九大主题,及时展开了一场学习讨论。发挥党建引领示范作用,把促进企业改革发展、提高生产经营成效作为党建工作的出发点和落脚点,领导叫响“看我的”、党员敢喊“跟我来”!

董事长、党委副书记陈光军深入征地拆迁一线,现场办公解决难题;新任党委书记李忠军从任职宣布大会走出来,就马不停蹄赶往各代表处加油鼓劲;广大干部职工主动配合沿线党委、政府,走村串户开展政策宣传,勘界放线工作有条不紊展开。

2017 年 12 月 19 日上午,成宜高速公路荣县段交地动工仪式在过水镇伍家村举行,自贡市委副书记、市长何树平宣布动工,上千群众见证了这一重大历史时刻。“百年难得的机遇来了,今后高速路一修好,我们养的土肥猪就可卖到成都喽!”当地村民杨淑辉奔走相告。

2018 年各地征地拆迁政策将有新调整,加之本项目线路长、人手紧、任务重,成宜公司“一班人”早已形成共识:建设成宜高速等不起、坐不住、慢不得! 2017 年,成宜公司与成都市、宜宾市、内江市、眉山市、自贡市签订土地征拆协调工作协议书,政企合力一鼓作气圆满完成了征地确权工作,预计节约征地费用 1.5 亿元。

最大 EPC 项目　建设体现“新快实”

成宜高速公路全长 157 公里,采用双向六车道高速公路标准建设,估算总投资 246 亿元。

秉承“人本、和谐、发展、绿色、创新、品质”的理念,成宜高速投资建设管理体现了“新、快、实”的显著特点。

何为“新”? 成宜高速公路是目前我省实施的最大一个 EPC 示范项目,首次使用三维激光雷达检测,既节约了时间和成本,又能准确获取沿线原始地貌的数字信息,提高了设计准确性。按照绿色公路设计,首次采用 BIM 新技术,设计更有特色、更有风格。

何为“快”? 成宜高速全线已完成征地确权工作,项目招投标工作有序开展,实现了 2017 年实质动工的目标。

何为“实”? 成宜公司全程参与项目设计,合理、灵活地运用技术指标。2017 年 7 月初,第一次银团工作会召开,工、农、中、建、交、国开、邮储 7 家银行参与,公司已获得 3 家银行批复,全年完成投资 25 亿元。

为实现 2020 年通车目标,如今成宜公司党员干部和职工摩拳擦掌立下“军令状”,将实施“挂图作战”,全力推进成宜高速公路建设。这条高速建成后,开车从宜宾到成都仅需 80 分钟。

扫码收听本文音频

行 车 记

父亲1992年从松潘养路段退休,受当时民族政策的惠顾,我顶替父亲的工作成了一名养路工人。父亲逐渐老了,常念叨很想去曾经工作生活过的地方看看。前几天终于有机会实现了他的愿望,我驾车带他故地重游。

一路上,父亲一边看着道路两旁的风景,一边慢慢打开话匣子,讲述起了那段沉重的筑路、养路历史。父亲1955年参加工作,修建了成(都)阿(坝)公路、刷(经寺)马(尔康)公路,当时修路条件很艰苦,使用洋镐、铁锹、炮钎等原始工具,由于施工任务艰巨、施工条件艰险,造成施工事故不断,不少筑路工人为之付出了年轻的生命。修建成(都)阿(坝)公路时,平均2.5公里就会牺牲一名筑路工人。"当时那恶劣的施工环境,我还记得几句顺口溜'正二三雪封山,四五六淋得哭,七八九稍好走,十冬腊学狗爬。'随着阿坝州公路陆续修建完成,我们这批筑路人员就地转为养路工人,1962年我被分到了松潘养路段,开始了长达30年的养路工作。养护的泥结碎石土路,出工和收工都得步行。每天上班必不可少的工具是刨锄、撮箕和十字镐,有时为了工作需要还得拉上'架架车',带上水桶、钢钎、二锤等工具。"父亲看了看我又继续说道,"现在你们养路太幸福了,养护的是柏油路,一身穿得干干净净,又不吃灰尘。上下班开着自己的小车,塌方了用机械清理,又快又轻松,现在养路太幸福了!"父亲接连说了几个"现在养路太幸福了"。

坐在车上,看到交通发生翻天覆地的变化,父亲不禁感慨万千地说道:“现在路好了,全是高速路、柏油路,从家乡乐至县到松潘县一天还不用,我们那时得花上四五天,如果遇上等车、塌方就得花上十多天时间,单位请探亲假时来回的路途假是 14 天。”那时客车很少,成都到各县城每天只有一趟车,能顺利买到第二天的车票可能性很小,一般都会等上两三天。从都江堰开始就是土路,一路大坑小凼,车子摇晃颠簸速度极慢,从成都到汶川就要一天时间,从汶川到镇江关又得花一天时间,第三天才能到达松潘县。从家乡到成都要两天时间,所以一切顺利就得五天时间。如果遇上塌方,就很难说要等多长时间了,那时清理塌方没有挖掘机、装载机这些机械,全靠人力排除塌方,小型塌方可能 3 到 5 天,大型塌方一个多月甚至几个月就很难说了。

中华人民共和国成立后特别是改革开放 40 年来,阿坝州公路建设飞速发展,展现在我们面前的是“宽、平、直、畅、绿、美”的黑色路面,驾车风驰电掣般地行驶,耳边只听见呼呼的风声。路面平坦、路标清晰、路牌醒目,公路两旁树木林立、枝繁叶茂,绿化带内,一排排整齐浓密的行道树郁郁葱葱,真有一种“车在画中行”的感受,令人心旷神怡。过去坐车是“受罪”,现在坐车是享受。

这次带父亲到山脚坝、刷金寺、松潘等工作过地方去走了走,看了看。每到一处,他总是努力寻找过去岁月的影子和当年留下的痕迹,但多数已经被日新月异的社会发展所淹没。阿坝州公路从无到有,从泥土路到柏油路、高速路,展现出阿坝州公路建设、养护事业取得的巨大成就。

扫码收听本文音频

夜空中最亮的星

清晨的阳光洒在睡眼惺忪的脸上,隐隐约约又听见那奔忙的脚步声,老张他今天又是元气满满的一天。

一提起他,遂西高速公路交通执法外勤中队长,那可是响当当的人物。在单位,他是亲切的大哥,在路上,那可是辖区的保护神。为什么?因为他不是在巡查,就是在去巡查的路上。他的身影,总是出没在烈日下炎热的服务区、加油站,在大雨倾盆的高边坡、排水渠,在冷雾弥漫的收费站、停车区,在潮湿黑暗的涵洞中、隧道里,在危险紧张的事故发生地。

老张比我大不了多少,"老"字从何而来呢,入职五年的他从业务水平、带队管理、待人接物、应急处置来说那可是相当老练。每当我工作生活中遇到难题,第一时间找到他,都可以分分钟搞定,回想这么久,他好像还没有拒绝过。不过说真的,他绝对是一个称职的老大哥。

这不,元气满满的老张又要上路巡查了,跟着两三人,虽说都有驾照,但是老张还是执意坐在了驾驶位。"来回近两百公里,这种简单繁琐的事我来就行了。"他认真说道,"在重点检查路段我会开慢点,你们好好记录,多熟悉熟悉这条路,以后出来,我才放心哦。"大家一如既往地投射给他崇敬的目光,毕竟这里的路面、桥梁、隧道、标志、广告牌、涵洞……这条路上的一切,他都了如指掌。

凌晨三点,急促的铃声划破了夜的寂静。他轻轻地叫醒我和另一值班战友,为了不打扰宿舍其他兄弟,三个人把制服、鞋子、执法记录仪、反光背心、闪光灯拿到门外整齐穿戴好,便急急忙忙上路了。“三个大货车追尾,三个车道都被堵了,情况很不乐观。”他严肃的表情说明今晚将迎来最重要的一次实战。到达现场我被吓了一跳,三辆六轴大货车追尾,其中后面两车驾驶舱已经被挤扁了,驾驶员被卡住在痛苦呻吟着,后面车辆已经堵了几百米。“你去来车方向一公里外把锥形筒摆上,把闪光灯警报开着,站在护栏外,注意安全!”“小峰,你赶快联系公司清障救援组,派吊车过来,把现场情况报给联合值班室。”老张分配好了任务便冲进事故车辆里开展救援。由于处置及时,十分钟后,伤者被救护车接走,现场车辆排队等候井然有序,赶到的吊车和拖车在老张的指挥下将事故车辆固定好拖离现场。天快亮了,滞留车辆缓缓离去,现场恢复了以往的畅通。

老张的手机屏保是个非常可爱的女孩,那是他的女儿,三岁了。说到孩子,老张两眼流露的都是柔情,他手机里全是孩子的照片和视频。“这小家伙太调皮了,老是上蹿下跳,虽然都三岁了,但是我陪她的时间太少了,只能忙里偷闲看看她的照片,哈哈……”他眼睛红着笑了起来。每当到了安全专项行动期间,他周末总是待在单位值班,吃住都在大队,随时准备应对辖区各种突发事件。在节假日值班安排之前,他都抢着多要几天,让外地的多在家陪陪父母,虽然他对家人更多的是一份亏欠和自责,但他的责任担当让大家充满了安全感和使命感。

唉,老张又在叫打球了。一个在球场上就像脱缰野马的大高个,一个坚持了二十多年梦想的追梦者,一个好像无忧无虑风一样的男子。他爱篮球,爱金州勇士,爱库里,会在库里篮球见面会上紧张得像个小孩,会为了比赛的胜利挥汗如雨,会在输球后召集大家鼓舞士气。这就是梦想的力量。

老张,一个真心的兄弟,一个伟大的父亲,一个平凡的交通人,一个可敬的追梦者。正如想对他说的:每当我找不到存在的意义,每当我迷失在黑夜里,夜空中最亮的星,请指引我靠近你。

扫码收听本文音频

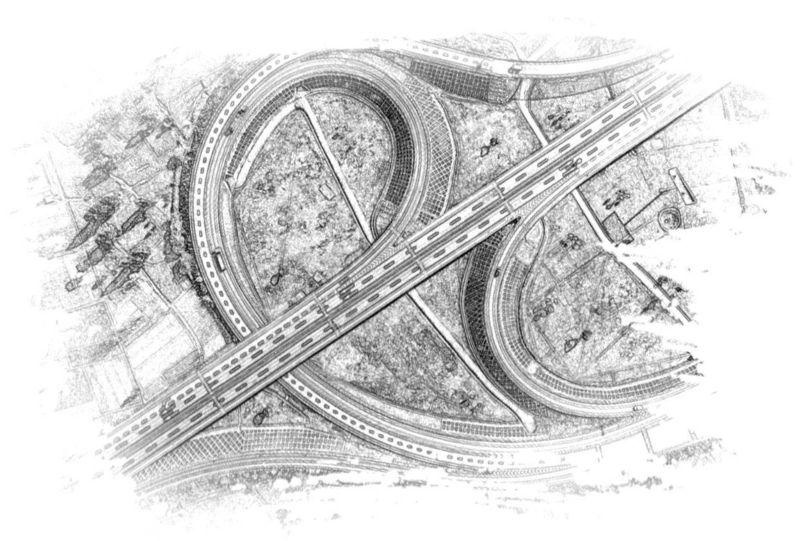

雨 夜 赞 歌

宜宾市公路局高县公路养护段所管养的 S206 遂筠路线形差、重车多，且一面临水一面临崖，一到汛期特别容易形成泥石流，造成塌方、塌陷，进而引发交通事故、阻断道路。2017 年 8 月 8 日凌晨突降暴雨，S206 四烈乡 K310+550（小地名：贾村砖厂）发生塌方，塌方量 1600 余方，随时可能引发交通事故，高县段职工奋力抢险，克服重重困难，奋战 2 个昼夜，终于恢复了阻断 40 多个小时的交通。

“轰隆！”一声突如其来的雷鸣打破了夏季午夜的宁静，一道闪电划破了天空的沉寂，雨如根根利剑疾射而下，狂猛暴唳地射向每个角落。不一会儿，高县公路养护段值班室的电话急促地响了起来，“方量大吗？阻断交通了吗？”正在值班室值班的段长罗永红接起电话焦急地问，“好，马上组织人员赶赴现场。”挂了电话他立即通知相关人员，同时抓起门后的雨衣，拿起手电筒急忙往院坝走去，院坝里的皮卡车发出刺耳的轰轰启动声，似乎在预示这是一个焦躁、不平凡的夏夜。

“前面断道了，走不通！”在赶赴现场的途中，一直有迎面过来的货车司机提醒抢险车辆。凌晨一点三十分，养护段相关人员到达了贾村砖厂，此时，来复养护站的站长、职工早已在塌方两岸拉起了警戒线，设置了相应的标志标牌，由于天黑，山上情况不明，山体可能会继续垮塌，在全面观察塌方情况后，按宜宾市公路局的意见，决定由来复站派专人在现场留守，密切观测山体滑坡情况,并随时上报。

另一方面,负责小修养护的副段长何小蓉连夜联系机具,为天亮后的抢险工作做好准备。天刚一微微亮,路政、交警到达现场,机械以及抢险人员到位,开始破石、转运工作。此时,天依然在下雨,为抢险工作带来了诸多不便。上午九点,宜宾市公路局党委书记、局长孙洪,副局长邓春林到达现场,同高县安监办的人员一同对抢险方案进行了审定,强调了抢险过程中的安全问题,并亲自指挥抢险工作。

此次塌方发生在凌晨,加之方量又大,对整个高县段的应急处理程序都是一个严峻的考验。险情发生后,高县段从领导到一线职工按照预案都各司其职,使抢险工作有条不紊地开展。省道S206一面临水,一面临崖,无论是清理塌方还是转运工作难度都非常大,加上大雨一直在不停地下,这也给抢险工作的开展带来了很大的阻碍。“不能通过!危险!”虽然在现场设置了警戒,但附近的村民还是冒险从一旁的竹林里穿过,这样一天下来负责现场安全指挥的工作人员嗓子都哑了。为了尽快抢通交通,消除安全隐患,高县段采取人员换班机械运转的方式,先用带钻头挖掘机将大石破碎,再用大车进行转运。最终,在连续奋战40个小时后将半幅路面抢通,恢复了通行。

在清除路面塌方的过程中,经验丰富的抢险人员发现山体结构松散,该处危岩局部岩体经长期风化和雨水冲刷已形成脱落造成岩体悬空状态,汛期极有可能再次出现偶发性崩塌、滚落损毁公路,严重危及过往车辆及行人安全。经综合研判,该处边坡发生地质灾害的风险极高,亟须进行应急排危,于是立即将S206遂筠路贾村段高边坡危岩按应急排危工作进行布置。并通过宜宾市公路局邀请宜宾市202地质勘测队先对整个山体进行勘查，在勘查后决定对边坡进行排危处理。由于连续下雨，山体较滑，这对排危工作是一个严峻的考验，但大家都一一克服了困难，在8月15日，排危工程结束。

雨，还在下，S206遂筠路贾村段又恢复了往日的平静。它记录了高县段干部职工不分昼夜抢通交通的故事，谱出了一曲激昂的雨夜赞歌，一首催人奋进的公路赞歌。

扫码收听本文音频

在那橙花盛开的地方

在我的记忆中，我的故乡——古贤坝是属于橙花的。当然，要看橙花就必须得去我们宜宾市江安县桐梓镇的双江村。双江村又叫古贤坝，那是长江上游的一个长两公里、宽一公里左右，与江安县城隔江遥望的一个土质肥沃的沙洲小岛。每年橙花盛开的季节，岛上挂满了白花红果的夏橙树，横成线，竖成行。树与江水之间是长得肥厚的烟叶。那红的果，白的花，绿的叶和沁人心脾的花果香，无不让你流连忘返，垂涎三尺。但要想到这个橙花岛就必须要到江那边去。

不知道以前古人是怎样过江的，那时的江岸是否也是风雨烟波，水天寂寥？都说“渡”是尘世里的俗事，在那些没有车，没有桥的日子里，背一大篓柑橘再大包小包肩背手提的，气喘吁吁，水岸迢迢，只借一叶孤舟出入风波里，对岸青山慢慢明晰而身后渐成远去朦胧之景，渡过江的那个人，寥寥站在荒烟蔓草的江堤上，转过脸来回眸一望便头也不回地绝尘而去，江岸边渐行渐远最后只剩下一只似有似无的小黑点的画面，便是我奶奶那辈人随时出现的生活场景。小时候，我和奶奶就住在橙花岛。印象中那就算穿再新的鞋也会被弄脏的泥泞小路，那吱吱嘎嘎的过河船，轰轰作响的轮渡，那老辈人唱的最多的“江安县，几重天，长江路，轮渡转，出门爬坡又下坎，早出门只有晚相见”的歌谣便是我儿时全部的记忆。

20 世纪七十年代末我到县城求学，第一次去坐汽车。奶奶为了送我,更为了亲眼目睹一下那个叫做四个轮子都会跑的"怪物",半夜就开始起来做早饭,生怕错过了轮渡,赶不上班车。记得奶奶当时就穿着一身手工缝制的灰色衣服,前襟和胳膊肘都打着补丁。轮渡一靠岸,她就拉着我一路小跑上了客车,来来回回地东摸摸西看看,然后又嚷嚷着帮我找座位,放行李。不知是嫌奶奶穿的破旧还是嫌我们没见过世面,邻座不远一个打扮入时的女人一直就斜着眼睛,神情讥讽地看着奶奶,不知怎么的我当时就有一种特别受不了的感觉,赶紧叫奶奶下车,但还没等奶奶下去,车子就启动了,奶奶叫唤也不停。第一次出"远门"的我和第一次"乘车"的奶奶就这样无所适从地立在车上,显得无比的紧张和狼狈。等车子晃晃摇摇开到客运站,奶奶才又转坐另外一趟车回去。

一晃三十多年过去了,奶奶送我进城上学的那一幕时常会在我的脑海里呈现,而且一直有一件事让我至今无法释怀:那天奶奶赶车返回古贤坝是什么时候了?回去轮渡收了没有?当天是不是没能按时回家?这些个问题一开始是因为粗心,每次放假回去都忘了问,到后来是不敢直接问,怕奶奶难为情,再后来奶奶就去世了,再没有机会问了。

草生草长,物我两忘。早年唯一可通向那橙花岛的轮渡早已"退休"并寿终正寝,一座雄伟壮观的长江大桥已经骄傲地挺立在了城乡两岸,四通八达的公路也如同城市的血管一样流淌在家乡的东南西北,长江之滨。彼岸也不再只有古诗般的寂寥和遥远,从桥上经过,开车几分钟就可以从此岸到彼岸。坐船渡江已开始变成滋生浪漫或附庸风雅的事情。再也无法体会也不想再去体会那种一条江横亘眼前,眼看着江水上涨却觅船不得独立江边的那种孤立无援,那种焦虑和叹喟了。渡江已是一件不太现实而又飘渺的事了。

在那橙花盛开的地方,走走小路,看看果林,听听水声,想想心事,穿行其中便是绝好的去处。纵然,我的故乡并非风采的尽头,也难以成就名山大川的声望与显贵,却见证着交通的快速发展和变迁,诉说着我们自己和这个时代的印记和故事。

扫码收听本文音频

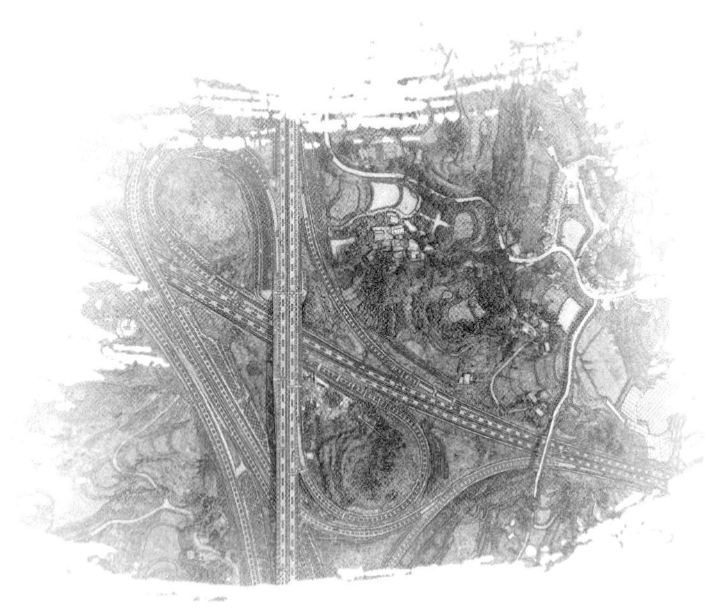

高速公路执法队员的三个故事

G5 012 恩广高速达万段，全长 63.88 公里，是四川省高速公路网规划中的兰州—广元—巴中—达州—万州（川渝界）公路的重要组成部分。高速交通执法第七支队八大队承担着这条路的路政、运政、收费稽查及行业监管等职责。“80 后”张晋岚就是这支队伍中的一员，他多年如一日，默默坚守基层一线，甘当高速公路的“守护者”。

“打铁还需自身硬”

张晋岚从事大队外勤工作。面对工作，他坚持与时俱进，刻苦钻研执法业务知识，不断提高执法水平。虽然他参加交通执法工作时间不长，但他充分利用闲暇时间学习各种法律法规和业务知识。在平时工作中，他更是严格要求自己，一有时间就扎进书堆，钻研法律法规、交通执法业务等。探索新途径、新方法，并运用于交通执法过程中。他把文明执法、保通保畅的思想贯穿于自己的一言一行，他对身边的同事这样说道：“打铁还需自身硬。作为一名交通执法人员，在执法过程中的丝毫偏差都会影响高速公路交通执法行业形象。我们必须坚持学习，不断更新知识，提高业务水平，切实维护人民群众的利益，树立党和政府的良好形象”。

“群众的事，再小都是大事”

张晋岚经常挂在嘴边的话是：“个人的事，再大都是小事；群众的事，再小都是大事。”

张晋岚热爱本职工作，严格要求自己。在实际工作中，具有求真务实、开拓进取的精神，讲真话、办实事，率先垂范。经常放弃节假日休息时间，参加高速公路交通执法志愿者活动，树立了高速公路交通执法人员的良好形象。2017 年 1 月，张晋岚在一次日常巡逻返回交班路上，发现一辆车牌为渝 A9G163 的客运班车因发动机故障，停靠在应急车道，数十名旅客被困在了雨雪中。他连忙靠边停车，果断采取措施，摆放警示标志，防止二次事故发生。积极协调转运乘客，维护现场秩序，并将车上携带准备中午吃的干粮，分给车上的年老旅客。经过他得当处置，很快故障车辆被拖离现场，被困乘客得到及时转运，一位 60 多岁的乘客握着他的手激动地说：“多亏了这位执法队员呀，否则我们困在这冰天雪地里，肯定赶不上回乡的火车了。”

这样的好事多不胜数，多年来，他始终为旅客、驾驶员做好事、办实事、解难题，赢得了群众的纷纷称颂。

“不碍事，我能坚持住”

2017 年 4 月，张晋岚患上了严重的肺结核，后来发展到连走路都困难，急需住院手术治疗。恰逢其时，“三比”竞赛开展得如火如荼。由于队伍里新进了一些新同事，他们底子薄，此前从未进行过军事训练，听闻此况，张晋岚很是着急，怕耽搁了训练进度。在伤口未拆线，身体还没彻底恢复的情况下，不顾医生和家人的反对,坚持赶到大队训练场带领大家进行训练。军训期间,无论是天还未亮的清晨,还是炽热的午后,他都陪着队员们一起完成军训,认真耐心地对每位新同事讲解示范动作,手把手地纠正存在的问题。当领导同事得知其病情尚未恢复,纷纷劝他抓紧治疗,不要不顾自己身体时,他只是笑笑:“不碍事,我能坚持住!”终于,在此次“三比”队列竞赛中,取得第三名的优异成绩。

张晋岚把全部精力投入到工作中,默默无闻,无怨无悔,展现了新时期高速公路交通执法人员的良好精神风貌。他积极向党组织靠拢,愿把自己的青春奉献给组织和交通执法事业,今年成为支队入党积极分子。面对成绩和荣誉,他没有骄傲自满,而是以更饱满的工作热情,以更扎实的工作态度,全心全意投入到为民服务中去。

扫码收听本文音频

栉风沐雨交通事业　默默奉献三十余载

宦志,雅安市雨城区公路养护管理段养护科科长。参加工作38年,就有35年默默奉献在公路建设和养护工作第一线。

交通应急抢险,次次可见你的身影

哪里有隐患,哪里有险情,哪里就有他和养护工人并肩战斗的身影。2017年极端天气频繁,1月雨城区突降大雪,造成G108线鹿子岗段、雅柳路牛路口段道路结冰严重,车辆无法通行,他冒着严寒亲自调盐撒盐,与道班工人们同吃、同住,一起清雪排障。有时天气恶劣还要连续工作几天几夜,累了就倒在巡查车上打个盹,饿了就随便吃上几口冰冷的饭菜,正是有他们的默默付出,才有了广大群众安全可靠的出行环境。

2017年8月22日晚至25日,雨城区境内出现持续强降雨天气,导致辖区公路多处边坡塌方,仅国道108线全线坍方就多达12处,断道4处,塌方3400余方。宦志在第一时间到达坍方现场协助领导指挥应急抢险工作,驻守现场3天3夜,直到25号坍方完全清理完毕方才撤离;8月25日县道雅望路出现坍方20余处,局部路段完全被洪水冲毁,出现断道,他赶到现场后发现情况特别紧急,在将险情上报后冒险第一时间徒步在公路坍方处设置安全提示牌、警示带,避免了多起交通事故的发生;8月28日上午,因雨城区境内出现持续暴雨天气程,洪水翻越路面,致使G318线五营路口出现公路双向断道,交通瘫痪,宦志不顾个人安危,协助相关部门紧急转移受威胁群众27人、车辆50余辆,避免了群众及财产遭受更大损失,配合抢险人员连续奋战5昼夜,将险情排除,并将洪水携带的淤泥清理干净。

仅2017年,宦志全年累计参与公路应急抢险保通68次,主动加班49天,清理边沟、水沟200余公里,累计清运坍方10000余方。

公路建设养护,处处留下你的汗水

“尽力把路修好,让人们能够舒适平安到家!”没有惊天动地的壮举,没有气吞山河的豪言,就是凭着这个朴实的信念,宦志默默地用实际行动奉献着。

从2014年至今,他负责的项目有藏茶山项目、碧峰峡镇绕镇路等17项新建公路工程,108线迎部检维修工程、雅柳路油路修补工程等5个维修项目,一个个漂亮的战役,造就了老百姓的便捷的出行环境。

今年4月份,区委、区政府决定对合江实施乡村小环线工程,并明确要求一个月内高标准完成任务,为了把这项“民生工程”办好,他冒着烈日,始终坚持与施工人员一起并肩作战。白天他顶着摊铺机旁100多度的高温组织铺油,晚上又赶到单位牵头做好迎接省上公路养护安全交叉检查内业资料,平均每天休息时间不足5个小时。

那段时间,经过工地上的人们总能见到一个头戴草帽、穿着雨鞋,皮肤黝黑、身上沾满灰尘的人在工地上来回巡查指挥,不是风景,胜似风景。烈日下,他的身躯是那样的伟岸;烈日下,他的形象是那样生动!

他经常对大家说:“要干一行,爱一行,专一行,精一行。”为了提高养路工人的业务水平,他经常组织大家学习养路知识和操作技能,他自己更是带头学、带头钻,成为全段有名的“养护行家”。在2017年全市公路养护管理综合评比中,他带领大家获得综合第一名成绩,得到了雅安市公路局和雨城区交通运输局大力表扬。

扫码收听本文音频

工 匠 之 心

他叫马力,今年四十有七,是成仁分公司路产管护大队的一名队员。因为他总是一副老大哥的模样,所以大家叫他老马。

老马年轻时曾当过潜艇兵,也许正是多年军旅生涯的铁血磨砺,激发了他一往直前的热情,锻造了其坚韧不屈的品格。虽只是一名平凡的管护队员,但他却有着一颗“工匠之心”,工作脚踏实地、恪尽职守,在精益求精的道路上不断探索。在2006年他在成南高速工作时,就曾改造过一个工具,让中型拖车具备了拖拽小型汽车的能力。

随着汽车技术不断发展,许多新型、高档汽车发生事故后会产生断电保护、刹车抱死等现象,只能使用辅助轮将车辆架起拖离现场。而目前使用的拖车辅助轮是90年代生产的,不仅笨重、功能单一,且由于尺寸过大,不适用于低底盘轿车,导致救援工作无法有效开展,这已成为一个全国性的救援难题。打从老马发现这个问题起就试图寻找解决办法,多方面综合考虑后,老马得出一个无奈的结论:只有发明一种新式辅助轮才能从根本上解决这个技术难题。

2013年4月,成南高速发生了一起单车撞击超车道护栏的事故,当管护队员赶到现场准备拖车时,却被驾驶员以“我这个车是奥迪A8,价值100多万,现在肯定是无电抱死了,你们要是拖坏了,我要你们赔偿”为由阻止。无奈之下,管护队员只能暂时封闭该路段超车道,等待4S店工作人员到场处理。原本20分钟就能清理疏通的现场,却拥堵了 8 小时之久。当时已调到成仁分公司的老马得知这一消息后,原本沉寂的想法又重新浮上心头。于是,他将设计一套新型辅助轮的构思汇报给了领导,立刻得到了成仁分公司领导的大力支持。

老马利用业余时间,和有经验的同事探讨,拜访机械加工厂,请教军工机械设计所的专家……研发过程中老马遇到了一个巨大的难题,就是缺少“双向齿轮锁”这个市面上根本没有成品销售的必备核心部件。在没有任何可借鉴的经验的情况下,老马只能通过反复拆装“单向锁”搞懂其基本原理,再尝试设计、加工。一切只能靠自己摸索,其难度可想而知。

最初的失败是因为使用了 45 号钢材,导致整体齿轮结构承受不住,改用了 85 号钢材后却又因为齿轮锁片承受不了 300 公斤的重量而再次失败。接连失败的打击,并没有动摇老马坚定的心。最终,老马用了整整半年时间,制造出了适用的“双向齿轮锁”。

然而,就在所有人都以为新型辅助轮快要研制成功之时,又一个新的问题摆在眼前。试验过程中,老马发现自己研制的辅助轮部分轮胎磨损极其严重,经过反复研究他发现问题出在轮胎的材质上:新型辅助轮采用的是国产尼龙轮,临界无法达到高温环境下以时速 70 公里负载拖行 40 公里的最低要求。若是无法解决这个问题,新型辅助轮就无法使用,之前所有心血都将付诸东流。老马尝试了无数种材料都失败了,研发至此陷入僵局。

可这一切并没有使老马退缩,接下来的 4 个月里,老马愈发拼命,跑遍了成都所有的五金市场,联系了无数的厂家。原本就偏瘦的他变得愈发消瘦,然而他的眼神却变得更加坚定。终于功夫不负有心人，老马发现浙江的一家特种尼龙厂有他在找的尼龙轮。

经过240多个日夜的努力，2016年初，这款“新型多级传动低辅助轮”终于研发成功并投入使用，完美解决了各类低底盘汽车的清排障问题。为了能让这款新型辅助轮更广泛地运用到救援中，2016年4月，成仁分公司向国家知识产权局申请专利，并于同年9月21日申请成功，同时获得《外观设计》及《实用新型》两项专利证书。2018年成功申请到《双向齿轮锁》专利。现在这款辅助轮已被成渝公司所属各条高速及成南高速、成德南高速、成巴高速等各大路公司采用，得到了业内的一致好评，老马也因为卓越的贡献，在2017年获得了集团“交投工匠”的提名。

“工匠之心”，是一种执着，精工细作后仍精益求精；是一种奋斗，汗水挡不住坚定的双眼；是一种坚守，失败不能阻挡向前的脚步。老马以实干拼搏的精神演绎着自己的故事，用自己的双手创造不平凡的人生。这就是我们身边的匠人，以一颗“工匠之心”在平凡岗位上闪闪发光。

扫码收听本文音频

云端上的守望

一夜风雪把往日的松潘高原给变了个颜色,漫天漫地一片白茫茫,看不见天地相接的那条曲线。

王景辉不禁缩了缩脖子,裹了裹外套。

雨靴踩着没过脚踝的雪,咯吱,咯吱……他坚定地朝着塔子沟沟里走去,回到他工作和生活的地方。

王景辉,四川交投集团九寨黄龙机场供水站职工。

他工作的供水站海拔 3500 米,坐落在九黄机场北面 6 公里以外的塔子沟。塔子沟北面是陡峭的山崖,南面的山顶上就是机场。供水站就孤零零的坐落在这寂静的山沟里。王景辉是这里唯一的工人。

每天,他观察水源、巡视管线、开机供水,往返一趟要走 8 公里山路,14 年间行走的距离,可以绕地球一周。

14 年来,执着的王景辉一个人孤独地坚守着云端上的岗位,让清澈的雪山水滋润着高原空港。支撑他的,是家的理解、爱的约定!

王景辉原本是机场供水站建设方的现场主管。2003 年,九黄机场要赶在国庆节前通航,而供水站是机场顺利通航的必备条件。

水站建成的那天,机场指挥长诚恳地对王景辉说:“老王,留下来吧!这个水站是你亲手建成的!”面对诚意的挽留,王景辉脱口而出:“请领导放心,有我在就保证有水抽上山。”

那天晚上，王景辉半躺在床上陷入了沉思。他有些后悔答应得太快、太轻率，这句承诺意味着今后长年累月他要这在高原上与水站为伴。贤惠善良的妻子、备战高考的儿子、年迈慈祥的父母，亲人的音容笑貌连同领导信任的目光，一幕幕交织在脑海。

人，一旦心中的信任被激活，即使背负一个家庭的奉献也不能阻止决定。王景辉就这样留了下来。

2003 年 9 月，机场专用供水站开始供水，当天，王景辉激动地在大山沟里四处搜寻手机信号，好容易找到一个有信号的地方，给妻子打了个电话。

他妻子很清楚地记得那通电话："他当时跟我说的时候很激动，我明白水站离不了他，作为妻子，我支持他的事业，因为他在外面守护的是大家，我就给他守好小家。"

得到家庭支持的王景辉在大山沟里顽强的坚持了下来，简陋的住所，简单的饭菜，寂寞折磨，病痛困扰……王景辉从容面对，坚韧守望：2005 年，勇救同事杨希文；2006 年，快速有效地处置机场办公区供水管爆裂；2007 年，研制供暖锅炉发热管垫，为公司节约了上万美元的成本。然而，老父病危，是妻子为他尽孝。儿子高考，是妻子替他尽责。王景辉用男人坚强的臂膀扛起不灭的信念，而这坚强的背后，正是伟大妻子的力量！

王景辉嘴边经常提起的一句话，他说：如果没有妻子的支持，我也坚持不下来。她的选择，是对我的理解，更是巨大的牺牲。艰苦的环境打不倒一个男人，因为我承诺过："这辈子我一定对得起妻子，对得起单位。"

在王景辉寝室的墙上，贴满了家人的相片，他说：这样每天一睁开眼，就能看见家和思念的亲人！每天，王景辉都要爬上当初那个小山坡,面向西方和妻子通电话——这里是塔子沟唯一有电话信号的地方,也是王景辉感觉最幸福的地方。这一刻,家的信号在云间萦绕,爱的承诺在山间伫立。

王景辉常说自己有两个家,两份爱。他曾因这两份无法割舍的爱而痛苦,也因为他们而幸福。尽管他常年孑然一人,默默地坚守供水站,但他胸中激荡着一个不灭的信念:能为这座云端上的机场工作,他感到自豪!

扫码收听本文音频

乐山“菜农专用加班公交车”暖人心

清晨6点半，一辆标有“菜农专用加班车”的5路公交车停靠在位于乐山市市中区关庙乡附近的发车点，一群菜农在公交车当班驾驶员的帮助下，背着装满新鲜蔬菜的背篼排队上车。6点50分，这辆载满菜农的公交车准时发车，驶向城区。

眼前这温馨的一幕，就在几个月前，还是另外一番景象。

此前，5路公交车因菜农的背篼占用空间、擦剐乘客，乐山市公共交通总公司接到了不少乘客的投诉。不仅如此，还有市民在网上发帖，一时间，背背篼的菜农能否上公交？成为网上热议的话题。

为切实解决菜农和其他乘客乘车矛盾，消除背篼堵塞公交车通道引发的安全隐患，乐山市交委组织市运管局和市公交总公司在5路公交关庙乡起点站，实地踏勘走访卖菜村民背篼乘坐公交的情况，研究解决措施。

乐山市公共交通总公司董事长李有全说：“菜农多数是上了年纪的老年人，从关庙乡乘坐公交车到乐山城区用时约半小时到四十分钟，清晨早高峰时，车上本来就挤。菜农的背篼所占空间大，大多又放在公交车的安全通道上，一旦发生了紧急情况，乘客难以逃生，存在一定的隐患。”

对此，菜农们也有苦衷。为了坐上这趟车，打着电筒，背着近20斤蔬菜，走了很远路，来到发车点的75岁的菜农彭淑蓉说，“每天很早就起来，就是想坐5路的首班车进城卖菜，早点到城区菜市场，占个好摊位，要是再迟了，占不到摊位，价格卖不起，新鲜的蔬菜也可能卖不出去”。

通过两天调研发现,菜农主要集中乘坐早上第一班公交车,而其他市民反映占用空间大的问题也确实存在。经过研究决定,加开一班菜农专用5路公交,这才有了“菜农专用加班车”。

该班车是每天早上在第一班车正常发班运行前,增开一趟专门用于运载菜农进城卖菜的公交。公交集团公司根据调研情况,征求运管部门以及菜农的意见,撤除了车内部分座椅,保留现有的21个座位,方便菜农放置背篼。这既满足了菜农进城卖菜的出行需求,又避免了菜农携带背篼给其他乘客带来的不便,消除了安全隐患。

“现在大家晚上都睡得踏实了,再也不用担心第二天挤不上车了。”已经近80岁的关庙乡菜农蒋秀珍说,“以前啊,上不到车,也挤不上车,心里不是很高兴,我们就是想卖点自家种的菜贴补家用,但就是这菜背篼不好上公交,要被其他乘客说。”说到这还一脸闷闷的她,转脸高兴地说道:“现在不一样了,有了专车了,感谢大家。”

如今的5路车,通过分流的形式分成了6点50的“菜农专用加班车”和7点的普通班车,菜农和市民们也形成默契,各自搭乘自己最便利的车次,互不干扰。不仅如此,“菜农专用加班车”在方便了菜农卖菜出行的同时,还缓解了早高峰乘车的拥堵现象,有效解决了关庙乡卖菜村民与其他乘客集中乘车难的问题,一举两得暖人心。

扫码收听本文音频

携手共奔小康路

生一场大病，对一个原本就困难的家庭无异于雪上加霜。正当生活陷入困境之际，在德阳市路政处结对帮扶干部的帮助下，文积明勇于直面困难，通过发展种养殖业，逐步改善生活条件，为早日走出困境而自强不息。

今年已经70岁的文积明是中江县富兴镇棋盘村人。2014年8月在田间劳作的时候因劳累过度突发脑溢血，晕倒在了自家地里。经医院抢救人虽然醒了过来，但他也因此再不能从事重体力劳动，加之妻子也年老体弱多病，这样一来原本就困难的家庭更是举步维艰。

正当生活没了着落之际，德阳市路政处结对帮扶干部得知情况后向他伸出了援手，带着米、面、油等慰问品来到了他的家中。当结对帮扶干部走进他家的小院时，禁不住被眼前的场景惊呆了，院里院外的杂草几乎和人一样高，几间歪歪斜斜的土坯房，屋顶的瓦片随时都会掉落，屋里更是漆黑一片，厨房里阴暗潮湿，床上仅有一床被子，除了老旧的桌椅，再看不见其他任何家具……

面对此景，帮扶干部清醒地认识到，扶贫必须先扶志。因此，耐心向文大爷宣传党和国家的扶贫政策，详细了解当前面临的困难，并拉着他的手说："文大爷，以后您的事就是我的事，你当前困难我都知道，请您放心，我们会竭尽全力帮助您渡过难关。"文大爷激动地说不出话来，泪水早已湿透了眼眶。

话音刚落,只见帮扶干部挽起了衣袖,找来了扫帚立即对屋里屋外进行了全面清扫,文大爷夫妇无论怎么劝也拦不住,就在这时周围的几户邻居也纷纷参与到大扫除中来。经过大家近 2 个小时的努力,小院内的杂草树叶被清整得干干净净,房间内放置的物品整齐有序,厨房也亮堂起来。在临走的时候,帮扶干部又将身上仅有的 400 元钱硬塞到了文大爷的手中,文大爷夫妇感动地说不出话来。

文大爷原本以为就这样结束了,然而令他没有想到的是,没过两天帮扶干部带上崭新的棉衣棉被、被套、衣服,提着米、面、油又来到他的家中,原来帮扶干部没有忘记第一次看到文大爷身上穿着的衣物,厨房中已经快见底的米缸,床上单薄的棉被;同时还送来了 20 只近 1 斤重的鸡仔、饲料和山鸡养殖书籍。东西刚放下,帮扶干部就来到文大爷的油菜地里,看着一大片即将收割的油菜,还没有等他说话,帮扶干部就说:“文大爷,我知道您现在又犯难了是不是?你们老两口本来身体就不好,这些活就交给我们吧。”

危房改造,大病医疗救助,种植药材,养殖山鸡等相关扶贫政策和措施也同步展开,帮扶干部帮助争取危房改造经费,填写大病医疗救助卡,联系农技员传授药材种植和指导山鸡养殖技术,组织职工回购山鸡等措施,不仅增加了文大爷经济收入,而且也重拾了脱贫致富的信心。

文大爷也不等不靠,用自己勤劳的双手,创造出自己的美好生活,目前他家已经搬进了新房,置办了家具,家电,学会了种养殖技术,找到了销售渠道,看着日子一天天变好,他对脱贫也充满了信心,相信在不久的将来,在帮扶干部的帮助下,他将最终摘掉贫困帽，到 2020 年与全国同时步入小康的梦想也一定会实现。

扫码收听本文音频

二郎山上的路

“二呀二郎山,高呀么高万丈。古树荒草遍山野,巨石满山岗……”

这是一首曾经唱响全中国的《歌唱二郎山》,创作于1951年年底,是一首歌唱修筑入藏公路官兵的战歌。歌词中“二郎山,高万丈”,唱出了人们对二郎山的敬畏,也唱出了跨过天堑通往山外世界的渴望。

二郎山,海拔3213米。大半年冰雪、暴雨、浓雾。滑坡、崩塌、泥石流,长年不断。过往车辆“如闯鬼门关”。甘孜、雅安两地经济在很大程度上受制于这一交通“瓶颈”。

征服二郎山,天堑变通途,一直是人们的梦想。当年参加修路的解放军第十八军士兵们穿着单薄的棉衣,身上捆绑着绳子吊在半山腰,一个人扶着錾子,一个人挥着铁锤,没有任何机械设备,就是在这样艰苦的条件下,用了4年时间,修通了长达2000公里的川藏公路,同时也付出了4963名战士牺牲的代价。

只有打通二郎山隧道,才能真正改善二郎山的行车条件。1995年,交通部正式批准了二郎山隧道建设的优化方案,并将其列入国家“九五”计划重点建设项目。

1996年5月23日,二郎山隧道正式开工了!二郎山隧道一头连内地,一头接甘孜、西藏,其经济意义、政治意义不言而喻。

到了2001年12月,历时5年,坐落于国道318的川藏公路上的二郎山隧道建成通车,主洞长4176米,开工时是国内最长、埋藏最深、海拔最高、地应力最大的特长山岭公路隧道。通车后，人们5分钟就能穿越川藏线上的第一高山。

随着时代的变迁，路也在不断变迁，雅康高速的建设提上了日程。它是国家高速公路网雅安至叶城高速公路的重要组成部分，是国家“一带一路”四川境内的主要走廊之一，建成通车后将结束四川藏区无高速公路历史，对实现民族地区、革命老区经济社会跨越式发展，加强文化交流，维护藏区长治久安，提升国防安全保障水平，具有重要的战略意义。

而雅康高速二郎山隧道是全线重点控制性工程，先期于2012年底开工掘进。隧道全长13459米，是成都平原进入甘孜藏区第一座高速公路特长隧道，被誉为“川藏第一隧”。它穿越13条区域性断裂带，存在断层破碎带、岩爆、瓦斯、大变形、高压突泥突水等不良地质灾害。通车后，大大改善了进入藏区的交通条件，其海拔高度比国道318线老二郎山隧道降低约700米，不再受冬季结冰带来的困扰。到2017年9月26日，雅康高速新二郎山隧道实现双线贯通，12月31日，通车试运行。

从解放军第十八军修路开始，60多年过去了，二郎山上的路，从砂石路改建为柏油路，再从柏油路到今天的高速公路，从两车道的老隧道到四车道的高速公路新隧道，发生了翻天覆地的变化，创造了一个又一个的公路建设奇迹。而不变的是，60多年来，积淀和形成的了一不怕苦、二不怕死，顽强拼搏、甘当路石，军民一家、民族团结的“两路”精神。

扫码收听本文音频

壤塘西西村:以路为始,脱贫奔小康

说起西藏,想到什么?

瑰丽的布达拉宫,蓝蓝的天空,朵朵白云,或许还有那红色僧袍,以及藏族同胞脸上那一朵高原红。

在四川壤塘,同样拥有美丽的风景,天很美,人很美,路也很美。平时的壤塘,稍微抬眼就能看见前方高山一朵云静静地躺在山尖上,阳光从蓝蓝的天空中透过云层,照在草地上,一切是那样的宁静安详,这是大自然赋予壤塘的魅力,万物在这里生长。

壤塘,县城海拔3285米,地处川甘青结合部两省三州七县交界处,又名“壤巴拉塘”,藏语为“财神居住的地方”,生活在这里92.5%的都是藏族同胞。然而拥有独特的生态旅游资源、动植物资源和独特的多元民俗文化资源的壤塘却没得到财神的眷顾,却是阿坝州最偏僻、最闭塞、最贫穷、最落后的国家重点扶贫县。

好在这一状况正在逐年改变。随着近几年壤塘县交通路网逐步完善、公路等级明显提高,壤塘经济社会也在发生着改变。

在吾依乡西西村有了一条美丽的通村硬化路,一排排整齐的藏式小楼房静立在两山之间。1993年的藏家小伙班玛克求的家就在这里。小伙腼腆憨厚,话不多,不会汉语,只有小学文化程度的他刚刚脱掉贫困的外衣。说起脱贫,他满脸笑意,说出的藏语里饱含他浓浓感谢之意。说起家庭,他有一位美丽尚未过门的妻子,即将和他在宽敞明亮的新家里组建他们的小家庭。说起未来打算,想学好汉语,和另一半经营好小卖部,过好未来的每一天。

朴实憨厚的他对未来充满希望，凭借自己的双手，一点点地在改变自己的未来。

2015年以前，西西村的村民都居住在远牧场，分散居住。收入主要来源于国家政策性收入。村里没有硬化路、没有通信网络、没有生活用电、没有卫生室、没有文化室、没有安全饮用水，生活条件和基础设施落后。

如今通过交通运输部定点扶贫壤塘后，壤塘经济社会正悄然发生着天翻地覆的变化，也给壤塘带来了新的历史机遇，大力促进了壤塘交通事业发展，带动了老百姓脱贫致富，老百姓有了稳定居所，通村硬化路修到了家门口，全村生活发生了有目共睹的变化。2017年贫困人口149人，人均纯收入超过3300元，贫困发生率为0%。

全县交通项目累计完成投资14亿元，建成阿两路、壤班路、国道317壤塘段、门日路等国省干线296公里、实施3条33.65公里通村通达公路、建成4条24.3公路通村通畅公路，新建22座跨河水泥桥，完成县综合汽车客运站1个，初步实现了全县村村通水泥路目标和县域骨干道路100%混凝土化的“三个百分之百”目标。交通的改变对脱贫攻坚形成了有力拉动，一条条崭新的致富路让贫困群众走上了脱贫奔小康的阳光大道。

扫码收听本文音频

如今蜀道出川只需3小时 丞相却走了一生

前不久,某微博上播放了老版电视剧《三国演义》里的《出师表》片段视频,评论区感动满满。其中,有一条留言,更是让网友直呼“扎心”,他是这样写的:如今西成高铁只需要3个半小时,丞相却走了一生。

为何蜀道如此之难?在古代,四川与陕西之间,到底有多少条蜀道呢?

今天的交通故事,就让我们来了解蜀道的历史。

蜀道,是关中与四川盆地之间道路的总称。关中与四川盆地相隔着秦岭、汉中盆地、大巴山,蜀道也因此分为两段:关中—秦岭—汉中,汉中—大巴山—四川盆地。

穿越秦岭的部分主要有四条道路,自西向东分别为陈仓道,褒斜道,傥骆道,子午道。穿越巴山的部分又分为四条,自西向东分别是:阴平道,金牛道,米仓道,洋巴道。

秦岭四道中最早的一条是褒斜道,是沿渭水支流斜水及汉水支流褒水两条河谷而成的一条谷道。这条道路早在周代以前就开始使用。

最西的一条是故道,又名陈仓道,从宝鸡益门镇(陈仓)出发,经凤县、略阳、勉县抵达汉中,因为沿着故道水,所以被称为故道。故道绕开了秦岭山势最陡峭的部分,相当于转了一个大圈,相比于其他三道要远很多,长1200里,但是也更为平坦。

子午道是由子午谷入山，经宁陕，洋县抵达汉中，形成时间大致与陈仓道相同。因其正对长安城南，古人将正南北称之为子午，故名子午道。

秦岭四道中最短的一条是傥骆道，从周至县入山，南下，出傥水谷至汉中盆地，经洋县至汉中。它虽是最短的一条，也是四道中最艰险的一条，因此形成时间较晚。第一次在历史上出现已是三国时代。公元784年唐德宗李适为了躲避朱泚兵变，也是经傥骆道逃难来到汉中，一百年后的唐僖宗为躲避黄巢起义也经此入蜀。

与秦岭四道相比，巴山四道的关注度要少很多。但是历史上著名的葭萌关，剑阁实际上都在这里，准确说是位于金牛道上。

金牛道是巴山四道中最早修建，也是最重要的一条。李白说的“地崩山摧壮士死，然后天梯石栈相钩连”，也是指的金牛道。它从汉中出发，经勉县、宁强、广元、昭化、剑门、绵阳。再到成都。

巴山中最西的是阴平道，这条路从甘肃陇南出发，经文县，平武，直通江油，可以避开剑阁险关，直通成都平原，长七百里。但由于沿途艰险，人烟稀少。《三国志》记载邓艾带人用毯子裹住自己，从山上翻滚而下，偷渡阴平直取蜀汉，走的就是这条险路。这也是阴平道在历史上最浓墨重彩的一笔。

金牛道往东是米仓道。巴山中段是米仓山，翻越米仓山的路，汉唐时称米仓道。米仓道在巴山通道中的经济地位仅次于金牛道。

巴山通道最东边的一条是洋巴道，从达县经镇巴抵达洋县。这条路较为艰难，行军打仗和平日出行都很少经过。唐宋时期，运送荔枝走的就是洋巴道,虽然艰险,但是因为路程比较短,荔枝能更加新鲜,因此洋巴道又叫荔枝道。

蜀道自先秦开辟,经过二千余年的开拓发展,走向比较合理。沿线更是形成很多历史悠久的城镇,是连接川陕的最优之路。因此,近代以来,川陕间道路的建设多沿原有的蜀道线路、走向布设。

第一条穿越秦岭的公路是 1935 年建成的西汉公路,经宝鸡、凤县、留坝抵汉中,北段沿着故道,南段沿褒斜道。

1937 年,成都至汉中的公路也建成通车,这条线路基本沿着金牛道,与西汉公路一起成为抗战中连接西北与西南的大动脉。

中华人民共和国成立后,蜀道沿线的建设进入新一轮高潮,先后修建了 108 国道,316 国道,210 国道。

其中 108 国道成都至汉中段沿金牛道,汉中至西安段基本与傥骆道一致。

210 国道则沿着洋巴道—子午道一线,不过并没有走子午峪,而是沿着沣河直接出山。

316 国道汉中至天水段的南段则是沿着褒斜道。不过现在经由国道出行的更多的是短途客流。

2011 年 5 月 23 日广陕高速通车后,成都至西安、北京全程高速,从此北上出川,蜀道不再难。

广陕高速是我国国道主干线北京至昆明(G5 京昆高速)在四川境内的重要一段,也是进出川大通道之一,南起广元陵江,接已建成的绵广高速,北至川陕界棋盘关,接西汉高速,全长 56.78 公里。

说到川陕交通,就不得不提到,位于广元市朝天区境内明月峡了。明月峡以谷深峡险而著称,嘉陵江奔腾其间,两岸绝壁高耸,垂直高差约300多米,这条宽度仅100余米的峡谷集“先秦栈道、古驿道、嘉陵江水道、纤夫道、川陕公路、宝成铁路”古今六道于一峡,集中展现了古代、近代、现代交通历史变迁的全过程,被大家誉为“中国天然交通博物馆”。

扫码收听本文音频

穿越“孤岛”

绵竹市清平镇，一个在汶川大地震后至今三度成为“孤岛”的小镇，随着2016年6月1日绵茂公路汉旺至清平段的通车，消除了“孤岛”的隐患。

清平镇不大，人口5000多人。全镇地处龙门山断裂带深处，汶川大地震极重灾区内，山峭沟深，风景奇丽，绵远河纵贯全境。

绵远河是典型的山区河流，旱季时节，河床袒露，涓涓细流，波澜不兴；雨季来临，咆哮洪水，裹泥挟石，雷霆万钧。2010年8月13日，暴发在清平的700万方泥石流，摧枯拉朽，毁了清平唯一对外通道汉清段，将清平隔绝成“孤岛”。2013年7月9日，遭遇50年一遇大洪水的清平，又一次“与世隔绝”。

汶川大地震后，老汉清段一到汛期雨季，垮塌断道司空见惯。清平人吃过部队直升机空投的食品，喝过应急抢险队员背进来的矿泉水，过过没电、没手机网络信号的日子。以至于每年汛期前，清平家家户户都要储备食品，绵竹市政府还在清平兴建了仓库，储备应急物资，以备不测。

2009年，绵茂路开工。鉴于工程的重要和难度极大，号称“路桥铁军”的四川路桥集团出战绵茂路最难啃的30公里“硬骨头”。

“没想到啊没想到，连民工驻地都没法安置。”一进场，看到汶川大地震后满目疮痍的绵茂路汉清段，四川路桥集团绵茂路项目部施工人员傻眼了。狭窄的施工场地，崩坍、飞石的威胁，让施工人员不敢把驻地设置在“明处”，干脆钻山打洞，住进山洞，冬暖夏凉,安全保险。立足未稳,“8·13”泥石流、“7·9”特大洪灾,接踵而至,重达五六十吨的水泥罐,被泥石流冲出10多公里远,震撼震惊都难以形容当时的灾害场景。两次灾害让四川路桥项目部损失惨重,至今说起,仍心有余悸。

绵茂公路是四川省最艰巨的交通灾后重建工程之一,难在“三多三高三复杂”。

“三多”:一是穿越的地震断裂带多;二是地质灾害多;三是新建桥梁、隧道多。

“三高”:一是保护生态环境要求高;二是地震设防等级高;三是路线线位高。

“三复杂”:一是水文地质条件复杂;二是设计结构复杂;三是施工组织复杂。

绵茂路之难,惊动了交通运输部。2012年7月13日至14日,时任交通运输部副部长冯正霖,花两天时间,深入到绵茂路考察,听取设计方案汇报,强调要将绵茂公路建成山区地质灾害频发区全天候二级路的示范工程、样板工程。一段56公里的二级路,让交通运输部领导如此重视,足见其重要和特殊。

绵茂路之难,惊诧了业内专家学者。2016年3月3日,一批省内的专家学者到绵茂路评审,突遇塌方,10万余方泥石倾泻而下,烟尘遮天蔽日,险些砸中考察车队,让这群见多识广的先生惊魂不已,叹息不止。而这次塌方仅仅是2016年三次大塌方中最小的一次。

56公里的绵茂路,桥隧比达到76.6%,而三期工程的篮家岩隧道,主洞长8149米,属特长隧道,保持着三个全国第一的纪录:单洞两车道对向行车隧道+平导长度位居全国第一;隧道埋深位居全国第一;高地应力软岩大变形段落的长度位居全国第一,在二级路中罕见。

2016 年 5 月 31 日,绵茂路绵竹段二期工程 9 公里建成,就此结束清平镇每逢汛期就成“孤岛”的历史。

扫码收听本文音频

25 米长冷链车开进江安田间地头

你能想象一辆 25 米长的冷链车轻松地行驶在乡村路上吗?

这样的场景在宜宾市江安县怡乐镇麻衣村的港峰农业有限公司时常出现。

装载着菜心、芥蓝、上海青等新鲜蔬菜的 25 米长的冷链车从港峰公司出发,30 个小时以后,这些蔬菜就将出现在香港市民的餐桌上。

行走在宜宾市江安县,一条条纵横交错的乡村公路,把大大小小的村落连接起来,一辆辆汽车直接停靠在村民家门前,这一切都得益于江安县“四好农村路”建设。

近年来,我省围绕“建好、管好、护好、运营好”的基本思路打造农村公路取得初步成效,首批“四好农村路”省级示范县也正式出炉。其中,丘陵山区的先进典范——宜宾市江安县成功创建为国家级示范县。

高规格的农村路,解决了田间地头的行路难问题,时空转换也就变得很容易。港峰农业有限公司副总经理蒋隆荣说:“能让宜宾江安的新鲜蔬菜,短短 30 个小时就到达香港,这得益于麻衣村现在有了一条高规格农村路。”正是这条港峰农业负责人口中的高规格农村路,让企业尝到了甜头,也凸显修好一条高规格农村路的重要性。

在当地你会发现,这里的农村公路平整宽敞,主要道路全部实现了“黑化”,不仅连通家家户户,更深入田间地头,不论村民进出还是企业运输都非常方便。

“我们有一个大型的冷藏车,20 多米的长度,如果政府没有建设这条 6.5 米的公路,我们的车子就进来不了,只能停在外面,这其中就会产生一笔转运的费用。所以,这样的路,大大缩减了公司的生产成本。”蒋隆荣说。

作为省内第二家直供蔬菜到港澳地区的农业公司,之所以选址在麻衣村,正是因为这里高规格的农村公路为蔬菜冷链运输带来的便捷,基地生产的蔬菜从田里收割到装车运出所用的时间大大缩短,也极大地保证了蔬菜的新鲜度。

怡乐镇副镇长林学飞介绍说:“我们的主干道公路是最低标准不得低于 5 米的双向两车道,主干道公路全部进行了黑化,田间道也是按不低于 4 米宽的公路设计,运输蔬菜和水果的车辆可以直接到田间地头,农用机械车也可以直接到田间地头进行耕作。”

路好了,村民增收致富自然也容易多了。特别是建设“四好农村路”所带来的变化更是显而易见。目前,江安县怡乐镇麻衣坝已经引进了德康、港峰、荟沣三家龙头企业,培育了大葱栽种、葡萄种植、生猪养殖三个专业协会,建立起了 10 万头生猪基地,5000 亩的果蔬产业。

麻衣村村主任杨路勋表示,该村下一步主要将打造以现代农业为主的公园,还规划了一个万花谷和荷塘,利用蓝莓、火龙果、枣子、葡萄等农作物,把这一片的农家乐活跃起来,增加农民的收入。

近年来全省农村公路路网通行能力显著提升。以江安县为代表的“四好农村路”大建设、大发展,有力地助推了农村经济社会发展和脱贫攻坚进程。未来五年,我省还将进一步加快推进“四好农村路”建设,并在坚持典型培树、示范引领下,以“四好农村路”建设为抓手,努力建设农村公路“民心工程”,全力将农村公路建设成为人民满意的“幸福路”。

扫码收听本文音频

成都地铁人的春运时刻

2018年春运正在进行时。条条归途上，人们将开启一段新的春运记忆。从“路途漫漫”到“说走就走”；从“通宵长队”到“扫码刷脸”；从“子女还乡”到“父母进城”。从内燃机车到电力机车，再到动车、高铁……每一个改变的细节都在述说着几十年间的进步，讲述着春运的变迁。

时代在变化，一些人对于文化、血缘、土地等问题的思考也在发生变化。但只要思念和牵挂还在，无论回不回家，春节都是一次心灵归途。时代在变，人在变，回家的心，从来未变。

今年是成都地铁“井+环”线网成形后经历的首次春运考验。春运期间，如果铁路、民航出现大面积延误，旅客怎么及时转运？地铁重点线路、车站该怎样提高运输效率？地铁的夜间施工组织、司机排班、车辆整备等一系列问题，都是如何被梳理得井井有条的呢？今天的交通故事荟让我们来认识成都地铁的“最强大脑”！

“COCC如果拿人体来做比喻的话，那肯定就是我们的‘最强大脑’。所有的决策指令从这个地方来，进行下达。他在高速运转中权衡，选择最好的处置方法。然后来传达一个命令。因为地铁整个运行都是系统自动控制，都是精确到秒的。那对于调度人员，你做决策就是那么一瞬间。”

成都地铁线网指挥中心运行管理室副主任欧阳德胜，用一个比喻像我们简单描述了“COCC”——地铁线网指挥中心，所承载的功能和作用:它是对全线网列车运行、客流变化、电力供应、车站设备运行、防灾报警、环境监控、票务管理及乘客服务等地铁运营全程进行调度指挥和监控的“大脑”。欧阳德胜,就处于这个“大脑”的“中枢”。看着 COCC 的调度员们发出指令时镇定自若的神情,欧阳德胜向记者回忆起他自己发出的第一道调度指令。“2010 年 9 月 27 号,第一列车的调度命令是由我来发出去的。现在想想,当初真的是非常紧张,那句命令的话,在之前自己都练习过几遍,但是真正说的时候还是有些紧张。”

成都地铁 1 号线一期开通时的第一条行车调度命令,就是由欧阳德胜发出的。作为成都地铁首批行车调度员,欧阳德胜亲历了成都乃至四川历史上第一条地铁线路开通的瞬间,也见证了成都地铁从无到有的很多个第一次。要获得多少荣誉,相应的就得付出多少精力和时间。学习数十本专业书籍、考取 3 座城市的地铁行车调度资质,而且还是“半路出家”。

欧阳德胜说:“刚毕业的时候,是被送到上海地铁去,学的是车站运作方面的东西,被调到去做调度,实际上那个时候是很不情愿的。自己更喜欢一些与人打交道的工作,更愿意在车站工作。不过后面一想,从零开始就从零开始吧。只要自己努力应该还是没有问题。在上海就差不多培训了 5 个月,也就是春节前,本来想到回成都过春节,家人这边都等着。然后一个命令就到广州。”

欧阳德胜工作后的第一个春节没能回家和家人团聚。从那时起直到现在,7 年间他只和家人一起吃过一次年夜饭。每天上午 6 点左右,欧阳德胜一天的工作就从审阅各种报表和文件开始,有时候能下午 6 点左右下班;有时候会在深夜、凌晨时分。晚上 11 点地铁收班，但很多地铁员工的工作才刚开始。比如设备维护、比如各种突发情况演练。这些都和 COCC 的职责相关。但凡节假日期间，长时间、高强度的工作，对交通运输从业者来说，更是常态。记者在采访中问过很多一线交通人一个问题：当朋友们在圈子里晒蓝天、晒美食的时候，在工作中的你怎么看？

欧阳德胜说："其实这个要看你自己怎么看了。你要看见别人都在玩耍，自己在坚守，你要说有多开心，可能未必。但是首先我自己选择了这个行业，我在选择的时候应该还蛮清楚的。我做了这个工作之后，把节日期间的运输组织好，市民朋友出行更方便一些。虽然说大家可能不知道我在背后，但我觉得还是蛮有成就感的一个事情。"

2017 年全年，成都地铁线网客运总量达 7.82 亿乘次；以少量的人力，凭借智力和努力，维系着这样一个量级会不断上升的交通系统安全运转 2600 多天无重大事故。这或许就是欧阳德胜和所有地铁员工们才能感受到的成就感！

今年春运大幕已经拉开，随着成都地铁运营里程的增长，运输组织难度比去年更大，但是每位乘坐地铁与亲朋团聚的人应该不必担心。就像欧阳德胜的父亲曾经对自己朋友讲的那样：来成都了，放心坐地铁，有我儿子在。

扫码收听本文音频

开车 25 年，今冬最轻松

“到了，我已经到康定。”2018 年 2 月 9 号晚 6 点 50 分，目送最后一位乘客下车，甘孜州康定新川藏运业有限责任公司的客车司机杨兴富拿起手机赶忙给妻子报平安。习惯虽然已经有 25 年的养成历史，但与以往总是报坏消息不同，今冬他给妻子的全是好消息。

杨兴富是德格县一名汽车司机，驾龄 25 年。“年轻时跑货车，主要负责甘孜康定到西藏昌都的货物运输，最近 10 年才跑客车。”

甘孜州德格县至康定市路程 589 公里，途中必经的雀儿山一直是让所有汽车司机敬畏三分的“瓶颈”，当地有“翻越雀儿山，犹过鬼门关”的说法。雀儿山主峰海拔 6168 米，每年有长达 8 个月的时间被积雪覆盖，山高路险，高寒缺氧，事故频发。据甘孜州交通运输局统计，从 1995 年到 2003 年，雀儿山 40 余公里路段累计发生交通事故 371 起，死亡 68 人，因冰雪造成人员高山缺氧致死的情况也时有发生。

杨兴富说，“驾驶客车翻越雀儿山平常一般需要 2 小时，如果遇到冬春下雪或夏秋下雨，堵车便成常态。”。他开客车 10 年，至少在山上过夜了 40 次。2017 年 3 月中旬一次降春雪，杨兴富驾驶客车从康定到德格，下午 5 点多到达雀儿山，晚上一直堵在山上，第二天早上 7 时才赶到德格县城。

丈夫常年在外驾驶汽车翻越危险高山，作为杨兴富妻子的吕林桧也很难置身事外,牵肠挂肚自然难免。“从他开车第一年,就形成每天报平安的习惯。”吕林桧对记者说,以前很多时候报的都是堵车的坏消息,弄得她也彻夜难睡。

一切在 2017 年 9 月 26 日发生根本改变。历经 5 年多建设,雀儿山隧道正式通车。新建成的雀儿山隧道施工线路全长 8.955 公里,其中,雀儿山隧道主洞长 7079 米,双向两车道,总投资 11.5 亿元,隧道洞口海拔高度 4378 米,是世界上海拔最高的公路特长隧道。

杨兴富驾驶的是 39 座客车,当天实载 21 名乘客。客车行驶到雀儿山隧道口时,车上乘客大多处于睡眠状态。记者看了一下手机上的时间,7 时 19 分。刚进洞口,隧道明亮的灯光把暗黑的车内照得十分明亮。客车一阵抖动后,速度明显下降。“我把挡位从 5 挡换到 3 挡,这里在渗水,路上应该有暗冰。”杨兴富说,好在隧道渗水的路段并不长。虽然限速 40 公里/小时,但仅用了 12 分钟,客车便驶出雀儿山隧道。

8 号晚上,甘孜州气象台发布消息:“从 9 日开始未来 72 小时,甘孜州大部地区将出现较明显的降温降雪天气过程。”吕林桧开始为丈夫担心起来,并一再叮嘱杨兴富在路上一定开慢点。

其实,在当天德格至康定的行程中,仅道孚县松林口和康定市折多山各有一段冰雪路面,杨兴富只得给客车挂上防滑链缓慢前行,其他地方都是艳阳高照,路面干爽,客车畅行无阻。

“开车 25 年了,从来没像今冬这么轻松过。”将路线牌交到甘孜州康定新川藏运业有限责任公司康定汽车站调度室后,杨兴富就完成了一天的工作，他感慨，交通条件改善，汽车司机和乘客都是最大受益者。

扫码收听本文音频

八旬交通老人创办图书馆

今天要给大家讲的是一位 85 岁的交通老人的故事。老人名叫王自忠,阆中市凉水镇人,四川省交通运输厅宣传中心退休干部、老党员,曾长期从事交通新闻工作。他虽在成都,但心里始终牵挂着家乡,总想为家乡的老百姓办点实事、好事。迄今,他虽高寿,但仍然想用自己的微薄之力给家乡的老百姓送去“精神食粮”。于是他想到了捐赠图书,创办图书馆。

他的想法,得到了儿女们的大力支持。可是图书馆“花”落谁家呢?2016 年 3 月,他联系曾在阆中市供销合作社上班的老朋友杨茂钦,讲了想法,并请他帮忙找接收单位。几经周折,2016 年 9 月,最终锁定“花”落凉水镇马鞍场。为什么选这里呢?王自忠说:“这里是原护山乡乡政府的所在地,四周有八个居委会,共有九千多人,至今,没有一个图书室;这里建了一个‘老龄党员支部’(现有党员 28 人)和‘老龄协会’。这就有了管好、用好图书的组织保证。”原本信心十足的他再一了解,1976 年成立的“协会”却是个空架子,既没有地方,又缺钱。这给满腔热情的王自忠泼了一盆冷水。

常言道:“无巧不成书。”正当他一筹莫展时,“协会”的曹大珍会长打来电话说:“最近,凉水镇政府将闲了多年的原农机站的四间破旧房子(一楼一底,约 100 平方米),划给‘协会’使用。”地方有了,却没有钱装修。面对这一困境,王自忠当机立断,给“协会”资助一万元。老朋友杨茂钦也马上捐助 1000 元。在他们的带动下，“协会”的全体成员都表示要捐助，有的30元、有的60元、有的100元。就这样，在大家的努力下，短短三个月，他们的图书馆就装修好了，书架、桌子、板凳也陆续进入图书馆了。

地方有了，书也陆续来了。王自忠的儿子为他牵线搭桥，请求中国社会书画院送书下乡，价值5万元的图书已经到位，书画院的领导还说了“每两年更换一次，如果搞得好，数量还可以增加”。王自忠从自己的书柜里抽出了一部分旧书，他女儿又从书店里买回了60多本新书，共计120多本书。老朋友杨茂钦将自己珍藏多年的《四川广播电视报》也全部捐出。“协会”的曹大珍会长在当地也筹集到了不少书籍。目前，已有图书四千多册。同时，他们还在邮局订了《文摘周报》《老年快乐报》《晚霞报》等。

“现在，图书馆成立起来了，大门口挂了两个牌子，一个叫‘阆中市凉水镇马鞍图书馆’，另一个叫‘阆中市凉水镇马鞍老年活动中心’，从今往后，乡亲们到这里来，有书读、有报看、有棋下、有牌打、有茶喝，生活也会丰富多彩了。”王自忠一脸满足。

扫码收听本文音频

超限检测站里的故事

富顺县路政管理大队马口田超限检测站位于S206线196k+500m道路主干线上，是自贡市首个在全省道路交通综合整治攻坚行动建成投入使用的“双超”治理示范站。同时，还被交通运输部评选为文明示范窗口，成为全省路政系统唯一获此殊荣的单位。

这一切荣誉都离不开在马口田超限检测站兢兢业业工作的路政执法人员。江云富是马口田超限检测站的值班站长，已在“路政”工作三十多年，一直坚守在执法第一线。2016年5月的一天，江云富跟平常一样执行超限检测工作。在凌晨3点时，一辆挂牌冀F牌照的半挂车驶来，江云富指挥车辆进入检测通道，经查驾驶员持有的大件运输通行证已过期，属于违法超限行驶。这时，驾驶员不动声色地把江云富拉到一个昏暗的角落，从兜里掏出一个装有700元现金的信封，塞到江云富手里。但江云富一脸严肃地说，现在唯一能做的只能是照规矩办事。在金钱面前，不仅江云富多次经受住了考验，在他的影响下，全班组成员守纪律比廉洁。据不完全统计，大队一线执法人员当场拒绝和事后上交礼金、“红包”上万元，从没有出现“人情车”“关系车”“车托”“车串串”的现象。

不为金钱所动、严格执法是他们坚守的职业准则。2016年12月19日23时，4辆挂着内江牌照的重载车从自贡方向过来，马口田超限检测站执法人员立即示意停车接受检查,但驾驶员抱着侥幸竟然强行闯关,加足马力逃逸。路政大队副大队长王晓春得知后,立即按当地路警联动机制,与当地交警联系,成功拦截了冲关拒检车辆。在路政、交警责令停驶并采取强制措施后,驾驶员拒不配合。随后,驾驶员又打电话叫来 2 名不明身份人员殴打执法人员,并强行将扣押车辆开走。执法人员顾不得伤痛,在立即报警、取证后,又与公安、交警一道冒着寒风一路跟踪取证,最终在泸州市某企业货场将四辆冲关车辆扣下。后经称重,四台冲关拒检货车均在 110 吨以上,按照“一超四罚”的要求,路政部门对四辆冲关拒检车处一万元罚款,并抄送交通运管部门联动处理。违法驾驶员周某某在接受处罚后无奈地说:“马口田治超站的执法人员硬是敢管理、敢碰硬,我认栽了,以后一定吸取教训,做一个守法的驾驶员。”

严格执法的同时,执法队员们也处处彰显“路政人”特有的大爱柔情。2016 年 8 月的一天,异常的高温下,沥青路面冒着白烟。中午时,一台六轴大货车距检测站 500 米减速刹车时,突然一声爆响,一团火球从车底蹿出,司机跳下车急得手足无措。见此情景的甘建,急忙召集当班执法人员奔赴现场实施援救,经过大家的奋力扑救,及时遏制了这起火灾事故的蔓延。事后,甘建等路政执法队员将惊魂未定的驾驶员带到伙食团,专门给他安排午餐,并帮他联系维修人员到现场对受损车辆进行维修。货运车驾驶员说,过去看执法人员都不顺眼,今天才真正明白你们才是驾驶员的保护神。

前段时间,该站所在地的吉星村村民,把写有“治超护路保安全，执法为民促发展"的锦旗送到路政大队，表达对"路政人"柔情执法、热情服务的深深敬意。

扫码收听本文音频

发恩小超市“变形记”

四川省交通职业技术学院以“造血式扶贫”的模式结对帮扶金口河区共安彝族乡新村居民，取得了良好的效果。发恩小超市就是其中之一，一起来看看这家小超市的变形记。

因病致贫彝乡超市老板：女儿都不愿回家

乐山市金口河区共安彝族乡新村村 2 组村民周发恩是四川省交通职业技术学院结对帮扶贫困户。2016 年，四川省交通职业技术学院按照四川省交通运输厅对口扶贫工作统一部署，按照“规划到村、帮扶到户”的原则，针对周发恩实际情况，落实专人联系协调对扶贫工作列出计划，四川省交通管理学校、四川交通运输职业学校、航运工程系、建筑工程系组成工作组经过多次入户调研，基本摸清了周发恩家里情况。

周发恩有一女儿，正在上高中，但离异后一直随母亲居住，没在他身边。虽然家庭人口较少，由于周发恩无固定工作收入，经济来源有限。周发恩一度开过小卖部，但是生意较为惨淡，后来参加了村整村推进的核桃种植，但是还没有产生经济效益。目前，周发恩的主要收入来源于退耕还林 1600 元/年、枕头坝电站土地租赁费 1800 元/年，小卖部收益 2400 元/年，共计年收入 5800 元/年。

周发恩患有精神病多年，需长期吃药，每年都需要一大笔花销。加上女儿读书的费用，因此周发恩的家庭开支较大，家庭经济比较困难。一年 5800 元的收入对于周发恩来说常常捉襟见肘,生活困难。

规划到村、帮扶到户:发恩超市上演“变形计”

在调研过程中,工作小组了解到周发恩有一套新建住房,水、电、通讯等硬件齐备而且条件较好。周发恩在新建房屋开的小超市临公路位置较好,而他本人对经营超市有一定的经验而且有供货渠道。发恩小超市生意不好主要问题是超市自身硬件差,货品过于单一。

结合周发恩之前的从业经历和新房的位置环境,工作小组将援建“发恩小超市”确定为帮扶周发恩的主要措施,并写入《扶贫帮扶手册》。由管理学校出资购买了 11 个标准超市货架,学院组织经济管理系相关专业老师通过考察其量身打造货品种类,并由运输职校购买价值 2158.2 元的食用油、卫生纸、佐料等补充货品。

2017 年 1 月 12 日,工作小组协助周发恩把小超市家具腾空,挂上重新订做了“发恩小超市”招牌,摆上了新货架、新商品,重新开张。后工作小组还考虑夏天还可以通过出售冷饮雪糕增加营业收入,2017 年 5 月 9 日出资 2300 元为其添置了冰柜。

扶贫见成效:年收入提高 250%

在四川省交通运输职业技术学院工作小组的帮助下,2017 年周发恩的“发恩小超市”经营逐渐走上正轨。四川省交通运输职业技术学院下派的驻村第一书记柏令勇对周发恩的小超市十分关心,时不时都要去看看。一段时间后,柏令勇发现周发恩没有记账的习惯,就帮助周发恩养成了记账的习惯。根据周发恩的账本,“发恩小超市”2017 年 1 至 10 月各月利润共计 5382.11 元,平均每月利润 538.21 元。在工作小组的援建后,发恩小超市夏季三个月收入明显增高,预计 2017 年在小超市这一项上会有超过 6000 元的收入,相比之前的 2400 元的年收入提高 250%,而且这是可持续发展的。

周发恩本人在这个帮扶过程中,随着小超市的经营,其精神面貌发生巨大的转变,性格变得积极、乐观、开朗,一年以来没有发过病,而且怀有一种对党对政府对扶贫政策的深深的感恩之心,多次公开表达了对中国共产党的感激,对扶贫政策的感激,并主动表示他也将继续经营好小超市,在小超市的经营中让利于全村群众,为构建和谐社会尽力。

扫码收听本文音频

坚守平凡岗位，铸就不平凡人生

杜燕平，一名普通的车辆例检员，在成都北门汽车站车辆例检工作岗位上一干就是17年。

自参加工作以来，杜燕平一直秉承“严谨、细致、真诚”的工作态度，坚持“老实做人，勤恳做事”的原则，自觉并带头遵守企业的规章制度，牢记安全生产操作规程，从不心存侥幸擅自违规作业。在工作中时刻牢记党员身份，践行着党员的先进性、模范性，用润物细无声的点滴，影响着周围的同事，起到了良好的带头作用。

杜燕平利用自己的业余时间，通过书籍、网络、手机等平台，对车辆的更新换代进行关注和学习，了解不同车辆的不同的驱动、传动，熟悉常见的金龙、宇通、青年等品牌客车的性能，了解不同的客车在实际运行中容易出现的问题，比如横直拉杆哪些车辆容易出现松动，哪些品牌的车轮磨损比较快，哪些车辆的刹车皮碗在使用多长时间后容易破裂等，针对不同的车辆容易出现的问题，有针对性地对车辆的重点部位进行检查，确保消除隐患于萌芽状态。

作为一名车辆例检员，他深知车辆例检岗位的重要性，安全线就是生命线，谨记安全红绳不可逾越。在这17年的车辆例检工作中，他个人总计检查车辆约3万台次以上，检查出故障隐患车辆上千台次，从未发生漏检、误检。

数年工作培养出来的职业敏感在他的工作生涯中产生了积极作用。2017年9月，一辆南运集团公司线路为大坪—成都的班线车进站安检。杜燕平作为当值地沟的安全检查人员，要求该车驾驶员摆动方向盘，后发现此车整体摇摆不定，经反复查看，发现该车右前轮羊角直销下滑约 20 厘米。若没发现这个隐患，造成的后果让人不寒而栗：羊角直销一旦脱落，车辆在高速运行的状况下将导致前轮脱落，同时整车也会失去方向！

杜燕平立即要求该车驾驶员将车挪至车站修理厂去更换新的羊角直销，整改后才予放行。事后，杜燕平请教了几位从事多年汽车维修的老师傅，他们都说在他们的修车生涯中，还从来没有见过这种情况，如果没能及时发现，造成的后果可能是车毁人亡。

杜燕平曾说，在工作中，只有谨小慎微，才能发现安全隐患，然后排除隐患。安全工作无小事，责任重于泰山。只有保持一颗追求卓越的心，才能在平凡中成就不平凡的人生。

扫码收听本文音频

老峨山区，弯弯山路成历史（上）

深冬的老峨山区，零星飘着雪花，山色依然葱郁。沿着一条6.5米宽的等级黑化路，从山脚缓缓上行，张场至廖店，不到20分钟。而以往，上山的山间小路，蜿蜒逼仄，小心翼翼要2-3个小时。

半年前，这条老峨山区的扶贫旅游环线贯通，将4个省定贫困村和5个市定贫困村串在一起。山高路陡但同时生态良好的老峨山区开始迈出“摘帽”脱贫、农旅结合的乡村旅游奔康步伐。

连片贫困区域如何整体“拔穷根”？山高路陡的老峨山区建成一条打通“瓶颈”，走出大山的脱贫路。

腊月，年味正浓。一辆农村公交开进廖店村委会坝子，70岁的解广舟背着一背篼年货从车上下来，连连说方便：“以前去赶张场，从山沟沟里走路，单边就两个多小时；搭摩托车，路弯坡陡，不安全，风又大，来回还要30多块钱。身体遭不住，包包头钱也遭不住。”

廖店，丹棱最远的行政村。丹棱县政协的万玉忠八十年代参与田野文物调查到这里，感受太深。从县城坐公共汽车到张场，徒步四五公里到仁兴，再登山到廖店，从早上七点到晚上六七点，“一整天全部都在路上。”

因为地处偏远、山高路陡、条件艰苦，老峨山区当年被叫做丹棱的“小西藏”。就因为出山路太难，岐山村的王正海说，二十几年前，自己下山外出打工，当时就想，以后有机会再也不回老峨山了。

就是到了2015年，老峨山区，也只有狭窄的道路通向山外。万年、岐山、廖店、三合，全市唯一的4个省级贫困村全在这儿。紧挨着，还有大木河、金花、玉柱、金峡和峨山5个市定贫困村，750户建档立卡贫困户仍然守在山上，“靠天吃饭”。

“因为路，我们吃了好多亏。”村民骆朝相说，因为路不通，愿意上山收购农副产品的至少价格要压一半，茶叶、土鸡背下山去就是花两个多小时，也卖不上好价钱。

一边是地处偏远、山高路陡，一边又是保存较好的清幽溪流、山林和古朴农家。老峨山区，守着绿水青山，如何能变成彻底“拔穷根”的金山银山？

“共性的贫困问题，需要统筹进行解决。”省市各级领导多次走进老峨山区，问诊把脉、献计出策，共同为老峨山区脱贫想出一计——打通出山“瓶颈”，建设联通9个贫困村的34公里旅游环线。

丹棱县委书记朱莉说，路通了，“山里的才走得出去，山外的走得进来”，老峨山区环境清幽的山、林、水和绿色生态的茶、果、羊才能变成能卖出好价钱。

2015年10月，省、市、县党委政府和交通部门合力攻坚，老峨山区翘首企盼的奔康大道动工，干部群众欢欣鼓舞，双手欢迎。

路，涉及廖店村30多亩拆迁，群众只用两个中午就完成。党员骆相清二话没说就腾出了5亩自家的承包地。“地，修路随便占。路不修通，这点地一分钱不值，修通了，蔬菜水果才能卖成钱。”55岁的万年村村民骆朝相说得实在，修路是为自己，也为全村,路好了,大家都好。

十四年前,廖店村的老支书刘兴贵带着群众,肩挑背扛打通了一条廖店出山的简易碎石路。奔康大道动工,老峨山下的黄金峡村老书记王国超退而不休,每天雷打不动,骑车从山下的黄金峡来到山上的廖店,帮着施工协调和质量监督。因为山道泥泞路滑,摔过很多次,腿上留下不少伤疤。

“党委政府真帮实扶,老峨山区干部群众就要撸起袖子,真抓实干!”刘兴贵和王国超两位老书记的话掷地有声。

大弯道、大纵坡、高挖方、高填土,县交通局领导、技术人员克服地势地形复杂,施工难度巨大困难,轮换坚守工地现场,争分夺秒抢进度,保质量。艰苦施工 20 个月,总投资 1.58 亿元,全长34.2公里,连接沿线 9 个贫困村的产业扶贫旅游环线贯通。

路一通,带来的不只是出行的便捷,更带来“人气”和“财气”的聚集。

万年村,奔康路边旁,村委会正在规划建设一个茶叶交易市场。支书任清元说,过去因为山高路陡,茶叶只摘清明节前茶一季,其余时节,茶叶价格还抵不上人工,干脆就不摘。去年路通了,雅安、名山的茶商主动上门,鲜叶每斤高了 1 块多,茶叶还摘到了 9 月份。“单单茶叶一项,万年村就多卖了 20 多万。下半年,从雅安、眉山来山上收土鸡和鸡蛋的客商也不少。”

2017 年初,曾经的贫困“后进生”迎接脱贫攻坚“国考”:9 个贫困村全部“摘帽”,750 户建档立卡贫困户“销号”,成为眉山市“奋战三年攻坚,率先全面脱贫”中带头领跑的“样板”。

2018 年的新年,丹棱县交通局对奔康大道通行客运班线论证,新增张场至廖店村客运班线。公交车经过老峨山 9 个贫困村，大大方便沿线群众的出行和生产，成为解决致富奔康“最后一公里”，惠及老峨山区1万余名群众的又一件民生实事。

“车费只有8元钱，老百姓可以用背篼带点农副产品，安全，又节约。应该为交通局办的这件大好事点个赞！”廖店村第一书记肖俊杰竖起大拇指。

扫码收听本文音频

老峨山区,弯弯山路成历史（下）

贫困村“摘帽”后山区群众如何持续奔康？生态清幽的老峨山迈出农旅“联姻”、生态旅游的康庄道。

海拔近1000米的王场,飘着小雪,冷风有些割脸,但空气清冽。在外打工8年的苏天华回场镇上开的羊肉汤锅却滚烫火热。一杯酒下肚,老苏说明年要争取发点旅游财,“要想办法把堂子搞大点,要不然来了生意却接待不了。”

去年夏天,从成都来了三十多辆大巴,拉了一千多人来山下的黄金峡徒步,走上王场,却找不到供那么多人吃饭的地。玉柱村支部书记牟玉凯很遗憾,“看到钱都没挣到,可惜!”

木头黑瓦、四合院、青石板院坝和大黄葛树;长年不断的溪流,古老的石拱桥,山林掩映下的老宅院……特别是廖店,还有一条8公里的峡谷,山林茂密、溪水潺潺,每年都有不少户外爱好者来徒步、露营、避暑。老峨山区,其实是一处让人望得见山,看得见水,记得住乡愁的好地方。

“没有开发都有人愿意来,这就是贫困村山区持续致富的好资源。”有生态旅游的自然基础,再加上环绕整个山区的交通硬件,老峨山人,也开始琢磨起搞乡村旅游的新思路。

廖店村4组的李牟成牵着骡子帮人拉东西,被几个摄影爱好者看到,要求“配合”拍照。对方给了他80元误工费。看到他家里正在磨豆花,干脆在他家买了一只土鸡,请李牟成的妻子做饭,又给了200元饭钱。

“土鸡、蔬菜、豆花都是现成的，旅游环线修到家门口，以后来的人会更多。”李牟成慢慢也懂得了“靠山吃山”挣钱的新办法。

杨利，从山下的河湾村来万年，养山羊，种桔橙和核桃。旅游环线完工，他果断投资30多万建起了集观光、采摘、旅游接待等为一体的农家乐。“生意还不错。主要是山上的羊肉品质好，不少成都、眉山来的客人吃了后还买来带起走。”

也正是因为看中这里距离成都车程不到2个小时，1000米左右不高不低的海拔，奔康大道环线有黄金峡、岐山林场等丰富的生态旅游资源，眉山本土上市公司千禾味业流转400多亩山地搞起了有机蔬菜种植，打造的乡村民宿“样板”小院也已基本完工。“准备投资5亿元，瞄准建设乡村田园综合体和发展高端康养产业。”

八公里长的黄金峡原生峡谷资源吸引到上海绿地集团的青睐，借助PPP模式整体包装打造岐山林场、黄金峡、银杏林。农旅“联姻”，不久的将来，一个集现代农业、生态景观、休闲度假、康养健身于一体的综合生态农业旅游项目也即将呈现，黄金峡有望成为离都市最近的溪降、露营、攀岩、徒步、穿越等运动集结地。

岐山村山顶，数百亩青翠的茶园成行，200多亩猕猴桃高低错落。建农家乐、露营、垂钓和水果采摘体验区，外地游客可以尽情享受“岐山美景”——回乡的王正海已经开始在规划畅想岐山村的“乡村公园”的新未来。

路通了，物流条件改善，老峨山区的生态茶叶、土鸡蛋、猕猴桃也开始走出大山，借助“互联网+”卖上了好价钱。廖店的曾维均说，过去辛辛苦苦走11公里，背点鸡蛋到张场每个只卖不过六七毛钱,自从网格员李欢注册起“李嘴人家”电商平台,每隔两天上门收购,现在能卖一块二。

十四年前,电视记者顾建峰,与廖店村群众同吃同住十五天,拍出肩挑背磨打通出山路的纪录片《山路弯弯》,现在交通局长顾建峰,又亲历老峨山脱贫攻坚,一步步看着一条路成为山区群众的致富康庄道。

“亲历的是老峨山十多来年实实在在的大变迁,见证的是峨山人宁愿苦干、不愿苦熬的精气神。”顾建峰说,因为路,或许这一辈子都与老峨山有绕不开的情结。

看着这条路给山区群众带来的各种变化,亲历奔康大道建设的交通局副局长严忠宇很是欣慰。他半开玩笑半是严肃地对万年村支书说,大家可要一定帮着看管好、维护好。

“放心,村上的五个公益岗位从今年开始增加了道路清扫、边沟清理的新职责。”任清元拍着胸脯表态说,党委政府对老峨山的恩,我们可不敢忘。

再上老峨山,34 公里的环线新公路,一路走,一路看,我们真切地感受到,阻碍老峨山区脱贫“最后一公里”的“天堑”已成“通途”,建设老峨山“国家乡村公园”的“黄金通道”已经在向更远的山外延伸……

老峨山区,弯弯山路,已经成为历史。

扫码收听本文音频

攻坚克难　逆流而上

罗勇,男,汉族,1968 年 2 月出生,大学本科,中共党员,现任成渝高速公路股份有限公司成渝分公司成都管理处营运安全科副科长。

从 1994 年到成渝高速公路以来,罗勇先后从事过收费员、收费班长、收费站票据管理员、收费稽查员等工作。通过工作的锤炼,罗勇慢慢从一个门外汉变成了同事们眼中的业务能手,在工作上不断取得成功;边工作边学习,拿到了法律专业本科文凭,在学业上不断取得进步;追求上进,成为了一名光荣的中国共产党党员,在政治思想上不断成熟。

人一生中,有顺境就有逆境。2011 年,由于种种原因,当时四川高速公路大货车强行冲关逃费的情况非常严重,绕城高速更是全省的重灾区,给国家带来了巨大的经济损失。罗勇作为稽查人员中的业务骨干,被成渝公司抽调到绕城高速成彭收费站执行稽查任务。1 月 12 日 18:30,那时候天色已经比较暗了,一辆小轿车正常通行后,一辆大货车没有停车,紧跟小车通行。根据经验判断,这辆货车是想冲关！罗勇立即冲上前去挥手阻拦,让司机停车。可是大货车非但没有减速,反而突然左转,加速冲站！由于距离太近,罗勇根本来不及避让,直接被左转的大货车挂到在地,卷到了车下,巨大的车轮无情地从罗勇的左手碾压过去！货车快速逃走了。罗勇强忍剧痛,艰难地站了起来,还想制止冲关货车。同事们疯了一样扑过去,大声叫喊:赶紧将罗勇送医院！

在去医院的路上,罗勇的棉衣被慢慢打湿,鲜血从袖口里缓缓地流了出来。他的左臂也渐渐麻木了,一点一点失去知觉。

在医院,医生说,罗勇的左臂保不住了,必须做截肢手术,否则会发生感染。不截肢就面临生命危险,但截肢就意味着一个身体健全的年轻人,从此将成为一个残疾人。

手术后的康复期,是人生中最难熬的日子,当时的罗勇跌落到了人生的最低谷,他常常把自己关在房间思索,不愿意去公共场合,害怕别人异样的眼光。

康复过程中,罗勇身边的亲人和同事主动去开导、鼓励他,询问困难,帮助解决。随着时间的推移及亲友的关怀,罗勇慢慢接受了现实,克服重重困难,逐渐适应了新生活。

康复期结束,罗勇面临人生最重要的选择:是病退,还是选择回到原岗位上继续工作?罗勇想到:"在成渝公司工作了二十多年,我一直是一个积极向上、勇于进取的人;查处过假冒赈灾的车辆,也面对过黑恶势力的威胁;经受过金钱的考验,也规劝过不守法律的司机。一步一步走来,实现了自我价值,而现在面对逆境,难道就要退缩了吗?"罗勇说:"人不能只考虑温饱,如果下半辈子清清闲闲的过了,对不起领导和同事的关心和帮助。这是人生的逆境,但不是绝境!一直都顺风顺水惯了,现在到了逆境,那就逆流而上!"

在河里游过泳的人都知道,顺流而下最轻松,如果想要去上游,就得用力挥舞臂膀,与河水斗争。逆流而上,力争上游,这就是罗勇的选择!

回到工作岗位,罗勇渐渐地习惯了用右手工作,也渐渐习惯了同事们善意的帮助。吃完饭后,见他洗碗不方便,有同事主动帮忙洗碗;处理文件的时候,见他速度慢,有同事帮忙打字。罗勇突然发现,选择工作,也是选择了一种疗伤的方式,成渝公司培养了他20多年,这里是他事业的根基,在这里,能找到他人生的方向。在积极的心态下,在领导和同事们的关心下,事故给他留下的阴影,渐渐地散去了。六年过去了,如今罗勇同志能够坦然面对这段往事,他战胜了阴影,赢得了现在。

人生如逆水行舟,不进则退,面对生命的逆流,罗勇选择勇敢面对。他通过努力,获得了回报:2011年被评为了国资委优秀共产党员,并且连续几年都是公司的优秀员工。如今,罗勇担任成渝分公司成都管理处营运安全科的副科长和成渝分公司成都管理处一支部的支部书记。在工作和生活中,罗勇做到了逆流而上,勇往直前。

扫码收听本文音频